La cocina de la escritura

Daniel Cassany

La cocina de la escritura

EDITORIAL ANAGRAMA
BARCELONA

Título de la edición catalana:
La cuina de l'escriptura
Editorial Empúries
Barcelona, 1993

Versión castellana del autor

Diseño de la colección:
Julio Vivas
Ilustración: xilografía del siglo xv

Primera edición: mayo 1995
Segunda edición: septiembre 1995
Tercera edición: enero 1996
Cuarta edición: noviembre 1996
Quinta edición: octubre 1997
Sexta edición: mayo 1998
Séptima edición: septiembre 1999
Octava edición: septiembre 1999
Novena edición: diciembre 2000
Décima edición: junio 2002
Undécima edición: noviembre 2002

© EDITORIAL ANAGRAMA, S.A., 1995
Pedró de la Creu, 58
08034 Barcelona

ISBN: 84-339-1392-1
Depósito Legal: B. 45024-2002

Printed in Spain

Liberduplex, S.L., Constitució, 19, 08014 Barcelona

Per als meus nebots Guillem, Roger, Joan i David, incipients i imaginatius cuiners de l'escriptura, i per a tots els altres aprenents, «pinches» i «gourmets» d'aquesta mena de cuina.

Para mis sobrinos Guillem, Roger, Joan y David, incipientes e imaginativos cocineros de la escritura, y para los demás aprendices, pinches y «gourmets» de este tipo de cocina.

Per so qar ieu, Raimonz Vidals, ai vist et conegut qe pauc d'omes sabon ni an saubuda la dreicha maniera de trobar, voill eu far aqest llibre per far conoisser et saber qals dels trobadors an mielz trobat et mielz ensenhat, ad aqelz qe.l volram aprenre, con devon segre la dreicha maniera de trobar.

Las rasós de trobar, siglo XIII
RAMON VIDAL DE BESALÚ

Puesto que yo, Ramon Vidal, he visto y conocido que pocos hombres saben o han sabido la correcta manera de trovar, quiero yo hacer este libro para dar a conocer y saber qué trovadores han trovado mejor y han enseñado mejor, y cómo deben seguir la correcta manera de trovar aquellos que quieran aprender.

AGRADECIMIENTOS

Como un buen caldo en la bodega, esta *cocina* ha madurado con la práctica de los últimos años: a partir de la escritura, de mi trabajo como profesor de redacción y del contacto diario con aprendices y con borradores y escritos de todo tipo. Reconozco que la he estado preparando a partir de las sugerencias que me hicieron —¡quizás sin darse cuenta!— los asistentes a mis cursillos.

M. Dolors Alà, Joan J. Barahona, Victòria Colom, Alícia Company, Delfina Corzán, Francesc Florit, Pere Franch, Marta Gonzàlez, Griselda Martí, M. Teresa Sabater, Maite Salord, Glòria Serres, Elisenda Vergés y otros escritores y escritoras cuyos nombres no recuerdo, han escrito algunos ejemplos que aliñan y dan sabor a mi prosa. Otros ejemplos, fragmentos anónimos extraídos de periódicos, revistas y correspondencia comercial, no tienen autoría y quién sabe si algún día un lector reconocerá casualmente alguno como propio. Llegado el caso, confío que no se moleste.

Para esta versión castellana de la *cocina* he contado con la ayuda desinteresada de varios colegas. Pepa Comas —amiga de muchos años y colaboradora ya habitual— ha traducido con esmero más de la mitad del original y ha colaborado en la elaboración de su conjunto; con ella he compartido las angustias, los miedos y las alegrías que causa una empresa tan compleja. María Paz Battaner y Carmen López, colegas de docencia e investigación en la Universitat Pompeu Fabra, han leído esta *cocina* y me han proporcionado valiosas ideas y sugerencias para el texto. También quiero mencionar a Quico Ferran, que siempre responde con inmediatez a mis neuróticas solicitudes de ayuda informática, bibliográfica o literaria. A todos ellos les debo que esta *cocina* no tenga tantos errores o imprecisiones. Gracias.

Sin la colaboración de todas estas personas mi *cocina* habría sido distinta, claro está; pero, sobre todo, habría resultado más aburrido e ingrato prepararla. Puesto que lo que menos me gusta de la escritura es la soledad con que trabajamos los autores, me las he ingeniado para encontrar buenos compañeros de viaje que quieran compartir conmigo la aventura de escribir un libro.

D. C.

PRÓLOGO

La mayoría de adolescentes se sienten muy inseguros cuando tienen que explicar algo e incluso aceptan su incapacidad. Esto no es bueno. Hay que darse cuenta de que redactar correctamente —lo cual no es un indicio de sensibilidad literaria— es ante todo un problema «técnico» y que debe resolverse a tiempo para que no se convierta en un problema psicológico.

JOSEP M. ESPINÀS

La vida moderna exige un completo dominio de la escritura. ¿Quién puede sobrevivir en este mundo tecnificado, burocrático, competitivo, alfabetizado y altamente instruido, si no sabe redactar instancias, cartas o exámenes? La escritura está arraigando, poco a poco, en la mayor parte de la actividad humana moderna. Desde aprender cualquier oficio, hasta cumplir los deberes fiscales o participar en la vida cívica de la comunidad, cualquier hecho requiere cumplimentar impresos, enviar solicitudes, plasmar la opinión por escrito o elaborar un informe. Todavía más: el trabajo de muchas personas (maestros, periodistas, funcionarios, economistas, abogados, etc.) gira totalmente o en parte en torno a documentación escrita.

En este contexto *escribir* significa mucho más que conocer el abecedario, saber «juntar letras» o firmar el documento de identidad. Quiere decir ser capaz de expresar información de forma coherente y correcta para que la entiendan otras personas. Significa poder elaborar:

- un currículum personal,
- una carta para el periódico (una/dos hojas) que contenga la opinión personal sobre temas como el tráfico rodado, la ecología o la xenofobia,
- un resumen de 150 palabras de un capítulo de un libro,
- una tarjeta para un obsequio,
- un informe para pedir una subvención,
- una queja en un libro de reclamaciones,
- etc.

En ningún caso se trata de una tarea simple. En los textos más complejos (como un informe económico, un proyecto educativo y una ley o una sentencia judicial), *escribir* se convierte en una tarea tan ardua como construir una casa, llevar la contabilidad de una empresa o diseñar una coreografía.

La formación que hemos recibido los autores y las autoras de estos textos es bastante escasa. La escuela obligatoria y el instituto ofrecen unos rudimentos esenciales de gramática que no pueden cubrir de ninguna manera las complejas y variadas necesidades de la vida moderna. Más allá, sólo los estudios especializados de periodismo, traducción o magisterio contienen, y de forma más bien limitada, alguna asignatura suelta de redacción. Incluso los escritores potenciales de literatura creativa tienen que conformarse estudiando filología (que enseña más a leer que a escribir) porque no hay equivalente de las Bellas Artes o del Conservatorio de Música en el campo de las letras.

¿Y el resto de personas que desempeñamos nuestra profesión con la escritura? ¿Y los ciudadanos y ciudadanas que tenemos que ejercer los derechos y deberes sociales? ¿Los abogados, psicólogos, ingenieros, físicos, políticos, etc., que escribimos en nuestro trabajo, dónde y cómo aprendemos a hacerlo al nivel que se nos exige? Terminamos por formarnos exclusivamente en nuestra profesión, en nuestra área específica de conocimiento, y permanecemos indefensos ante un papel en blanco. Si no nos las ingeniamos por nuestra cuenta, nos quedamos para siempre con las cuatro reglas escolares de ortografía.

En algunos casos esta carencia llega a comprometer el ejercicio profesional. Forma y fondo se interrelacionan de tal manera que los defectos de redacción dilapidan el contenido. ¿Cuántas veces has tenido que esforzarte para entender la letra pequeña de un contrato o de una ley, que se supone que deberíamos comprender con facilidad? ¿No te has encontrado nunca discutiendo el significado de ambigüedades no premeditadas en un documento? ¿Te has enfrentado alguna vez a artículos de reputados especialistas que, por la impericia de su prosa, resultan indigestos e incluso difíciles de comprender?

En general, la formación en escritura que la mayoría de usuarios poseemos es fragmentaria, o incluso bastante pobre. Lo prueba la larga lista de prejuicios de todo tipo que nos estorban. Muchas personas creen que los escritores *nacen*; que no se puede aprender a redactar; que no hay técnica ni oficio en la escritura y que, por lo tanto, no se puede enseñar ni aprender de la misma manera que un aprendiz de carpintero aprende a montar armarios. La escasa preceptiva que pueda conocerse se envuelve en una auréola de secretismo. Se acuñan y aplauden expresiones opacas como *estar inspirado* o *tener mucha maña*. Incluso la palabra *escritor/a* sugiere un misterio y un prestigio inmerecidos y se utiliza en un sentido muy distinto al de sus equivalentes *lector* o *hablador*: cualquier persona puede ser un lector, un hablador, pero... ¿a quién nos referimos cuando decimos de alguien que es *escritor*?

En estas circunstancias, el libro que tienes en las manos pretende ayudar a las personas que tengan que escribir. *La cocina de la escritura* es un manual para aprender a redactar. Un buen plato de pato a la naranja conlleva horas de trabajo y la sabiduría de toda una tradición culinaria. Del mismo modo, una carta, un cuento o un informe técnico esconden el intenso trabajo del autor y una larga preceptiva sobre comunicación impresa. Autores y autoras trajinamos ante el papel como un *chef* en la cocina: limpiamos la vianda de las ideas y la sazonamos con un poco de pimienta retórica, sofreímos las frases y las adornamos con tipografía variada.

Me gustaría que este libro fuera una cocina abierta para todos los aprendices de escritura. Escritoras y escritores: ¡Ven! ¡Entra! ¡No te quedes en el comedor! Entra en la cocina a ver cómo los autores preparan sus escritos. Podrás ver cómo buscan y encuentran las ideas, de qué forma las estructuran, cómo tiene que ser la prosa para que sea sabrosa, y cómo se adorna un escrito. Aprenderás a ser más eficaz, claro o encantador con la pluma, a conseguir mejor tu propósito y, al mismo tiempo, a agradar al lector.

No encontrarás nada de gramática ni de ortografía. Mi *cocina* sólo utiliza productos comestibles. Trata del más allá, de lo que hay detrás de barbarismos o faltas de ortografía. Tampoco encontrarás recetas como las de los formularios de correspondencia comercial o de los manuales escolares que explican las partes de una carta o de un comentario de texto. No busques modelos o ejemplos para solucionar urgencias de última hora.

Mi *cocina* expone los rudimentos elementales de la escritura, válidos para todo tipo de textos y ámbitos. Puede ser provechosa tanto para escolares como para profesionales, periodistas, científicos, técnicos, o para ciudadanos a quienes les guste leer y escribir. Si algún ámbito deja de lado, éste es sin duda la literatura. Como un payaso de circo que hace reír y llorar, poetas y novelistas tienen derecho a subvertir cualquier regla del escenario y a disfrazarse como mejor les plazca.

El menú es variado. Empieza con una lección magistral sobre las investigaciones más importantes en redacción, se expone la doctrina fundamental sobre la palabra, la frase, el párrafo, la puntuación, etc.; se muestran las operaciones básicas de pre-escribir, escribir y reescribir. También se hace un repaso al equipo mínimo del autor y se presentan poderosas razones para aprovechar el instrumento epistémico de la escritura en beneficio personal. Aparte de mostrar la técnica de la letra, me gustaría animar a mis lectores a escribir, a divertirse y a pasarlo bien escribiendo. Reivindicaré el uso activo de la escritura para el ocio, para divertirse, para aprender, para pensar, para matar el tiempo —siempre sin pretensiones literarias.

La composición de los platos depara algunas filigranas: hay exposiciones doctas, disecciones de borradores, comentarios, consejos, curiosidades. Se incluyen muestras aleccionadoras de maestros (Ferrater, Bernhard...), o esa columna anónima que tanto nos gusta, y la carta contundente de una amiga, etc. Puesto que el cocinero debe saber degustar manjares delicados, me gustaría educar a nuestros paladares de lectores y escritores para poder distinguir las prosas finas de las insulsas.

Para lectores incrédulos, he aderezado las explicaciones con más de un centenar de ejemplos de diversa procedencia: prensa, libros, redacciones de alumnos, etc. (identificados en la bibliografía). Para los amantes de las novelas policíacas, hay sorpresas escondidas. Como un mago con el sombrero lleno de palomas, he camuflado todo tipo de trucos y juegos entre la prosa. ¡Atención! Intentaré pillarte desprevenido. Prepárate para llevarte algunas sorpresas. Me gustaría haber escrito un libro divertido. Quisiera que la ciencia y la diversión se dieran la mano desde ahora hasta el final.

En cambio, a los lectores más impacientes, los tentaré con ejercicios estilísticos (siempre con soluciones). ¡Espero que te animes a hacer tus propios pinitos! Ahora bien, ya lo sabes, como en cualquier restaurante: puedes leer siguiendo el orden lógico de los capítulos o, si lo prefieres, escoger a la carta según tus preferencias. Llevo más de ocho años preparando esta *cocina*. Mi anterior libro, *Describir el escribir*, ya pretendía ser, al principio, un curso práctico de redacción con fundamentos teóricos, pero esta última parte creció como una planta tropical devorando lo que le rodea. Desde entonces me he dedicado a enseñar redacción a aprendices de todo tipo, desde amas de casa hasta universitarios, maestros, secretarios o economistas. He elaborado ejercicios, he corregido textos, me he documentado con manuales de variada procedencia, he buscado la manera más idónea de explicar cada tema, etc. La *cocina* es el resultado de esta experiencia enriquecedora.

En los primeros cursillos que impartí, me ilusionaba tanto enseñar lo que había aprendido que actuaba como un predicador en el púlpito. Pretendía que mis fieles aprendices escribieran como yo lo hacía, siguiendo las mismas técnicas, adoptando el mismo estilo. ¡Vana fantasía! Pronto me di cuenta de que estaba equivocado. El estilo y el método es al autor, como el carácter a la persona: todos somos distintos —¡afortunadamente!—. Alguien despreocupado puede redactar de manera anárquica o impulsiva; otro puede proceder con orden cartesiano, más propio de un talante meticuloso; pero ambos pueden producir excelentes textos.

Hay tantas maneras de escribir como escritores y escritoras. No se pueden dar recetas válidas para todos, sino que cada uno debe adaptar los patrones a sus propias medidas. Cada uno tiene que desarrollar su propia técnica de escritura. Por ello he pretendido que esta *cocina* sea una gran exposición de recursos, trucos, tendencias y procedimientos de redacción. ¿Te animas a entrar en ella? ¡Se parece a un supermercado retórico o lingüístico! Contempla las herramientas expuestas y escoge las que más te gusten.

Y nada más. La comida está servida. El cocinero se lo ha pasado bien preparando el festín y no desfallece. ¡Te ofrezco mis mejores deseos para el banquete que empieza! ¡Que aproveche!

1. LECCIÓN MAGISTRAL

Lo que no es tradición es plagio.

Cuando descubrí que tanto las matemáticas como la historia, la física y todas las demás disciplinas del saber humano tienen *autores*, con nombres y apellidos, me sentí estafado. De pequeño, en la escuela me lo enseñaron todo sin mencionarme ni un científico de los que trabajaron en cada campo (quizá sólo Newton y Galileo, por lo de la manzana y lo del juicio), de modo que entendía el saber como algo absoluto, objetivo e independiente de las personas. No se podía estar en desacuerdo o entenderlo de otra manera; era así y punto.

De mayor aprendí a relativizar el conocimiento y a verlo simplemente como la explicación más plausible, pero no la única, que podemos dar a la realidad. Me di cuenta de que el saber no existe al margen de las personas, sino que se va construyendo a lo largo de la historia gracias a las aportaciones de todos. Me ayudó mucho el hecho de conocer a algunos autores de carne y hueso que se esconden detrás de cada teoría o explicación. Me impresionó descubrir que la teoría de conjuntos, que tuve que estudiar con empeño —y que me había procurado alguna diversión—, la había inventado una persona a finales del siglo pasado: el matemático alemán Georg Cantor.

En el terreno de la lengua, este punto de vista epistemológico relativizador me parece imprescindible, porque —si cabe— los hechos son todavía más opinables y controvertidos que en otras disciplinas. No quisiera que nadie tomara los consejos que doy en este libro como verdades irrefutables —y que más tarde, leyendo otros manuales, se sintiera engañado, como me pasó a mí de pequeño—. Por esta razón, el primer *plato* de esta *cocina* repasa algunas de las investigaciones más importantes del siglo XX sobre redacción, con

19

nombres y apellidos, las cuales constituyen el origen de buena parte de lo que se expone más adelante.

Debo decir que hablaré sobre todo de la tradición anglosajona, porque es con creces la más interesante y fecunda. Los precursores del estudio de la redacción son filósofos británicos del siglo XIX como Thomas Carlyle o Herbert Spencer. Este último escribió en 1852 un memorable artículo titulado *Philosophy of Style*, en el cual hace, antes de tiempo, auténticas reflexiones psicolingüísticas sobre la prosa, y ya recomienda redactar con frases cortas y palabras sencillas. En España, Bartolomé Galí Claret publicó un delicioso y modernísimo tratado de estilística en 1896.

Pero las corrientes de investigación más prolíficas y variadas surgen en Norteamérica a principios de siglo. Así, la primera versión de uno de los manuales de redacción más conocidos, el clásico *The Elements of Style*, conocido popularmente con el nombre de sus autores: *Strunk* y *White*, es de 1919. Este librito de sesenta páginas ya contiene la mayoría de las reglas de construcción de frases que comentaré en el capítulo séptimo y que también aparecen —con ciertas pretensiones de novedad— en los recientes manuales de estilo españoles.

¡Pero no todo nos llega del inglés! También mencionaré las investigaciones francesas sobre legibilidad y, al final, comentaré la bibliografía española, haciendo un rápido repaso a la importante labor de actualización en técnicas de escritura iniciada en estos últimos años. En conjunto, pretendo esbozar los estudios y las investigaciones que fundamentan la preceptiva de la escritura.

LA LEGIBILIDAD

> *El objetivo de las investigaciones sobre legibilidad es aprender a predecir y a controlar la dificultad del lenguaje escrito.*
>
> GEORGES HENRY

El concepto de *legibilidad* designa el grado de facilidad con que se puede leer, comprender y memorizar un texto escrito. Hay que distinguir la *legibilidad tipográfica* (*legibility* en inglés), que estudia la percepción visual del texto (dimensión de la letra, contraste de fondo y forma), de la *legibilidad lingüística (readibility)*, que trata de aspectos estrictamente verbales, como la selección léxica o la longitud de la frase. Esta última es la que merece más consideración y la que desarrollaré a continuación.

Las primeras investigaciones se sitúan entre los años veinte y treinta en los EE.UU. y se relacionan con el enfoque estadístico del lenguaje, que se ocupaba de cuestiones cuantitativas como, por ejemplo, qué fonemas, palabras o estructuras son los más frecuentes en la lengua, o qué longitud media tiene la oración. Partiendo de varias pruebas (preguntas de comprensión, rellenar huecos en blanco de texto, etc.), los científicos pudieron discriminar diferentes grados de dificultad de la escritura: es decir, textos más *legibles*, más fáciles, simples o que se entienden más rápidamente, y otros menos legibles, que requieren más tiempo, atención y esfuerzo por parte del lector.

El análisis de estos textos permitió extraer las pautas verbales asociadas a unos y a otros. El grado de legibilidad dependía de factores lingüísticos objetivos y mesurables. El siguiente cuadro muestra la mayoría de rasgos descubiertos:

Legibilidad alta	Legibilidad baja
• Palabras cortas y básicas. • Frases cortas. • Lenguaje concreto. • Estructuras que favorecen la anticipación. • Presencia de repeticiones. • Presencia de *marcadores textuales*. • Situación lógica del verbo. • Variación tipográfica: cifras, negrita, cursiva.	• Palabras largas y complejas. • Frases más largas. • Lenguaje abstracto. • Subordinadas e incisos demasiado largos. • Enumeraciones excesivas. • Poner las palabras importantes al final. • Monotonía.

Según esto, un escrito de oraciones breves, palabras corrientes, tema concreto, etc., no presenta tantas dificultades como otro de frases largas y complicadas, incisos, poca redundancia, terminología poco frecuente y contenido abstracto. De toda la lista anterior, los tres primeros puntos son los más relevantes:

En la mayoría de lenguas, las palabras más frecuentes suelen ser

21

cortas y poco complejas fonéticamente, mientras que las polisilábicas suelen ser menos corrientes y ofrecen más dificultades. También parece claro que las oraciones breves, especialmente si no llevan incisos, son más asequibles que las largas [con ciertos matices, ver pág. 94].Y normalmente nos interesamos más por textos que tratan de personas y hechos concretos (nombres propios, testimonios, anécdotas), que de temas abstractos.

Estas pautas se difundieron y popularizaron notablemente a partir de tests o fórmulas que permiten medir con facilidad el grado de legibilidad de la prosa y compararlo con el de otros textos de referencia. Uno de los más famosos en inglés es el de Rudolf Flesch (1949), que consta de un test de *facilidad* de la prosa (extensión de las palabras y de las frases) y otro de *interés humano* del contenido (concreción, nombres propios). Para el francés, han propuesto fórmulas parecidas, entre otros, Henry (1987) y Richaudeau (1984 y 1992).

Los criterios para medir la legibilidad varían según el autor. El siguiente cuadro recoge la mayoría:

PUNTO MEDIDO	SISTEMA DE MEDIDA
Extensión del vocablo:	• Número de sílabas por 100 palabras. • Número de letras, vocales o consonantes.
Vocabulario básico:	• Número de palabras que no pertenecen a un determinado vocabulario básico. • Número de afijos cultos (ej.: *re-, in-, -ismo, -logia...*) y, por lo tanto, de palabras supuestamente complejas. • Grado de variación léxica; con más variedad hay más probabilidad de encontrar palabras difíciles.
Extensión de la oración:	• Número de sílabas por frase. • Número de palabras por frase. • Cantidad de puntuación fuerte: punto y seguido, dos puntos, punto y coma, paréntesis... • Número de preposiciones de la oración: con más preposiciones, frase más compleja.
Grado de interés y concreción:	• Número de mayúsculas que no empiezan oración. • Número de palabras personales: pronombres personales, sustantivo de género natural (*Jorge, Miró, hermana, actriz...*), palabras como *gente* o *persona*.

- Cantidad de puntuación activa: interrogaciones, exclamaciones, puntos suspensivos, guiones.
- Frases con estilo directo, diálogos, órdenes.

Los dos fragmentos que siguen ejemplifican la aplicación de estos criterios. Se trata de dos explicaciones del concepto *dialecto*: la primera de un ensayo de difusión y la segunda de una enciclopedia.

La palabra *dialecto* es un término de uso diario y significa la variedad lingüística utilizada en una región geográfica determinada o por una clase social determinada. Los lingüistas a menudo hacen la distinción entre *dialectos regionales* y *sociales*. En teoría estos dos tipos de dialectos son distintos, *pero en Gran Bretaña las dimensiones regionales y sociales están relacionadas. En pocas palabras, cuanto más se asciende en la escala social, menos variación regional se encuentra en el habla. Así, individuos educados de la clase media alta de toda la isla hablan más o menos de la misma forma, con muy pocas diferencias de pronunciación. Pero los trabajadores agrícolas de Devon y Aberdeen, por poner un ejemplo, es posible que tengan considerables dificultades para entenderse. [Stubbs, 1976]

dialecto m LING Cada una de las modalidades que presenta una lengua en las diversas regiones de su dominio, delimitadas por varias isoglosas, los hablantes de una de cuyas modalidades no tienen muchas dificultades de comprensión con los hablantes de las otras, aunque tienen conciencia de ciertas diferencias entre ellas. En el mundo griego, el término διαλεκτος significaba 'conversación', 'discusión' o 'habla local' [...] Además de este concepto horizontal de dialecto existe otro vertical, el de **dialecto social** o sistema lingüístico de un grupo social determinado, de particularidades sobre todo léxicas, sea con una finalidad esotérica (malhechores, facinerosos, etc.) o también formando parte de una lengua técnica o de grupo. [GEC]

CARACTERÍSTICAS

- Número de oraciones: 6 (o 7, con *).
- Extensión media de la oración: 20,5 palabras.
- Extensión media de la palabra: 2,45 sílabas.

CARACTERÍSTICAS

- Número de oraciones: 2 (enteras).
- Extensión media de la oración: 47 palabras.
- Extensión media de la palabra: 2,39 sílabas.

23

- Palabras personales: *los lingüistas, los individuos educados, los trabajadores agrícolas.*
- Mayúsculas no iniciales: 3.
- Puntuación fuerte: 6 puntos.
- Terminología específica: *variedad lingüística.*

- Palabras personales: *los hablantes.*
- Mayúsculas no iniciales: 0.
- Puntuación fuerte: 2 puntos; un par de paréntesis.
- Terminología específica: *modalidad, isoglosas, διαλεκτος, concepto horizontal, vertical, sistema lingüístico, lengua técnica...*

La mayor legibilidad del fragmento de la izquierda se basa en la menor extensión de las frases, en un mayor grado de concreción (con más palabras personales y más mayúsculas que no empiezan oración) y en la ausencia de terminología específica. No hay variaciones significativas por lo que se refiere a la extensión de la palabra. Un análisis más detallado y cualitativo que tuviera en cuenta el número de incisos, el orden de las palabras o el tipo de conectores, posiblemente revelaría otras diferencias relevantes.

La aplicación de estas fórmulas a todo tipo de textos permitió elaborar parámetros estándar para interpretar la legibilidad de un escrito y contrastarla con otros textos. Según estos parámetros (Miller, 1969; Richaudeau, 1984), los cómics *(Tintín)*, los libros de lectura y de texto de enseñanza básica o la literatura de consumo *(Corín Tellado)* son los textos más legibles; en el extremo opuesto figurarían los artículos científicos, la literatura de élite (Proust) o algunos periódicos *(Le Monde)*.

La legibilidad disfrutó de mucha aceptación durante los años cincuenta y sesenta, gracias a los manuales simplificados que astutamente difundieron los estudiosos. Los libros de R. Flesch se convirtieron en clásicos populares, y algunos organismos oficiales norteamericanos incluso adoptaron los tests de legibilidad para evaluar su documentación. Además, todavía hoy esta corriente de investigación cuenta con una prolífica nómina de autores y hallazgos. Henry (1987) hace un recorrido por los trabajos más importantes aparecidos entre 1923 y 1977 y menciona a más de sesenta investigadores y alrededor de una cuarentena de fórmulas distintas de legibilidad, todo para el inglés, aparte de otras adaptaciones para el francés, el castellano o el alemán.

Pero actualmente bastantes especialistas, adscritos a otras corrientes, cuestionan este tipo de investigación y, sobre todo, el uso de fórmulas simples y fáciles para medir la legibilidad. Discuten la validez de algunos de los criterios utilizados y argumentan que no se puede reducir la complejidad de un escrito a una serie de sumas y restas. El mismo Richaudeau, uno de los estudiosos más conocidos para el francés, aconseja usar estos criterios para reflexionar sobre la redacción, pero los descalifica si tienen que utilizarse como auditoría rigurosa de un escrito.

Encontrarás más información en Miller (1969), Martínez Albertos (1974), Richaudeau (1984 y 1992), Henry (1987), Zacharia (1987), Turk y Kirkman (1982), Timbal-Duclaux (1986 y 1989).

EL ESTILO LLANO

> *Una comunicación transparente es esencial para un buen gobierno. Por tanto, es responsabilidad de la escritura oficial que sea inteligible —y que no confunda a la gente ni le haga la vida difícil con palabras poco familiares o frases largas e impenetrables.*
>
> ROBERT D. EAGLESON

A partir de los años sesenta y setenta, las asociaciones de consumidores de los EE.UU. se dieron cuenta de que para defender a sus asociados era necesario comprender los textos importantes que afectan a los ciudadanos: leyes, normas, seguros, impresos, contratos, sentencias, condiciones, garantías, instrucciones, etc. Con la progresiva expansión de la burocracia, de la legislación, de la tecnología, la vida cotidiana se había inundado de escritos imprescindibles que no siempre se comprendían. Piensa, por ejemplo, en las actuales sentencias judiciales, los impresos de hipotecas, préstamos, de seguros, o incluso en los estatutos de determinadas organizaciones. ¿Se entienden fácilmente? Esas asociaciones empezaron a exigir que toda esta documentación se escribiera con un estilo llano, asequible para todos.

El impulso inicial culminó en un importante movimiento de renovación de la redacción en los ámbitos público y laboral, conocido con el nombre de Movimiento del Estilo Llano *(Plain language*

Movement). Dos hechos relevantes le dieron el empuje definitivo: en el año 1975, el Citibank de Nueva York reescribió sus formularios de préstamos para adaptarlos al nuevo estilo llano, lo cual agradecieron mucho sus clientes; en el año 1978 el gobierno Carter ordenó que «todas las regulaciones más importantes fueran redactadas en un inglés llano y comprensible para todos los que las tenían que cumplir».

Desde entonces hasta hoy, el movimiento no ha parado de crecer, sobre todo en el mundo anglosajón. Organismos públicos y privados han seguido el ejemplo de sus precursores reformulando los textos. Han surgido centros de estilo llano que promueven normativa legal sobre comunicación escrita (leyes y recomendaciones), investigan sobre redacción (qué problemas de redacción tienen los textos, cómo pueden resolverse...), forman a los técnicos que tienen que redactar en cada disciplina (abogados, jueces, científicos...) y, en general, difunden las ideas del movimiento a través de publicaciones y jornadas informativas.

Dos aspectos sociales importantes de este movimiento son la ética y la economía. Por un lado, la comunicación escrita tiene que relacionarse con el ejercicio de los derechos y deberes de la ciudadanía. Los organismos administradores, públicos o privados, pero también los autores individuales, tienen el deber de hacerse entender, mientras que los administrados tienen el derecho de poder comprender lo que necesiten para desenvolverse en la sociedad moderna. Las dificultades en la comunicación crean desconfianza y atentan contra la convivencia social.

La democracia se fundamenta precisamente en la facilidad de comunicación entre la ciudadanía. Sólo las personas que tienen acceso a la información de la comunidad pueden participar activamente en la vida política, cívica o cultural. Los párrafos confusos, las frases complicadas y las palabras raras dificultan la comprensión de los textos, privan a las personas del conocimiento y, por lo tanto, las inhiben de sus derechos y deberes democráticos. ¿Quién podrá cumplir una ley que no se entiende? ¿Y quién se atreverá a quejarse o a reclamar algo, si los criterios o las vías para hacerlo no están claros?

Por otra parte, el estilo llano ha demostrado ser económicamente rentable, porque ahorra dinero y esfuerzos técnicos y humanos. Si bien revisar cualquier documentación origina gastos considerables (especialistas, diseño nuevo, impresión, papeleo...), los beneficios superan con creces la inversión, tal como demuestra la experiencia. He aquí un ejemplo curioso:

> La Comisión Federal de Comunicaciones de los EE.UU. publicó las regulaciones para conseguir licencias de emisora local de radio con el tradicional lenguaje legal y necesitó 5 empleados a tiempo completo para resolver las dudas del público. Con una nueva versión de las regulaciones en inglés llano, los 5 empleados pudieron dedicarse a otras tareas. [Eagleson, 1990]

Ya en el terreno puramente lingüístico, el estilo llano nos ofrece varias novedades: una definición de prosa comprensible, investigación específica sobre las dificultades de comprensión de los textos técnicos y aplicaciones concretas para mejorar los escritos.

En lo referente al primer punto, un escrito llano y eficaz reúne las siguientes condiciones:

- Usa un lenguaje (registro, vocabulario) apropiado al lector (necesidades, conocimientos) y al documento (tema, objetivo). Es decir, se adapta a cada situación; por ejemplo: las ponencias para científicos incluyen terminología y datos específicos que sólo pueden entender los especialistas, pero los manuales de difusión usan un vocabulario más corriente, asequible para todos.

- Tiene un diseño racional que permite encontrar la información importante en seguida. Los datos relevantes ocupan las posiciones importantes del escrito, que son las que el ojo ve primero. ¡Que no ocurra aquello tan típico de que la letra pequeña del pie de página, en las notas, entre paréntesis, es la que trata de lo que realmente nos afecta!

- Se puede entender la primera vez que se lee. ¡No te fíes de las relecturas! Cuando tienes que detenerte a menudo porque has perdido el hilo sintáctico de la prosa, cuando tienes que volver atrás para cogerlo de nuevo... ¡es señal de que la escritura no funciona! La prosa llana tiene que captarse a la primera.

- Cumple los requisitos legales necesarios.

La investigación sobre las dificultades de comprensión demuestra que los dos escollos más importantes que debemos superar cuando leemos textos difíciles son la estructura sintáctica de la frase, a menudo excesivamente compleja, y la ausencia de un contexto compartido autor-lector. El abuso de la subordinación y del período largo añade mucha dificultad a la lectura; y un grado de abstracción o de generalización elevado del contenido impide que el lector pueda relacionar el texto con su conocimiento del mundo, con su entorno. También pueden crear dificultades la puntuación, la construcción del párrafo o la presentación general del texto. El denominador común de estos aspectos es que son poco familiares al lector.

En cambio, el léxico específico o desconocido no parece un problema insalvable. Fijémonos, por ejemplo, en el siguiente fragmento, extraído de un informe técnico sobre agronomía, en el que se describe el terreno de una finca:

> El suelo, del mismo tipo en ambas parcelas, es de aluvión y muy profundo. Pese a encontrarse la finca en una cota mucho más alta que la del río Llobregat, que discurre muy cerca de allí, es evidente el carácter que tiene de antigua terraza fluvial, si tenemos en cuenta los numerosos guijarros existentes [...] En la primera parcela, la rotura ya se ha efectuado. Ocupa la parte más llana de un valle y parte de una ladera. Como consecuencia de los movimientos de tierra efectuados, prácticamente todo el terreno está dispuesto en bancales de pendiente nula. [CRIP]

Aun desconociendo el significado específico de vocablos como *aluvión, terraza fluvial, rotura* o *bancales de pendiente nula,* las oraciones cortas y claras permiten seguir la prosa sin dificultades y captar su sentido global. En el caso de que queramos entender todos los detalles, tendremos que buscar en el diccionario las expresiones que no conozcamos, sin necesitar la ayuda de un especialista. Pero si el problema estuviera en la sintaxis, en el grado de abstracción o en la presentación del documento, entonces encontraríamos obstáculos reales para entender el texto autónomamente. ¿Cómo, dónde, a quién... podríamos consultar nuestras dudas?

Por lo que se refiere a las aplicaciones prácticas de la redacción, el estilo llano incorpora los mencionados criterios de legibilidad, pese a que critica sus fórmulas, y amplía su campo de acción a nuevos aspectos como el párrafo, la presentación del escrito o la adecuación al destinatario. He aquí algunos de los consejos que propone:

- Buscar un diseño funcional y claro del documento.
- Estructurar los párrafos.
- Poner ejemplos y demostraciones con contexto explícito.
- Racionalizar la tipografía: mayúsculas, cursivas, etc.
- Escoger un lenguaje apropiado al lector y al tema.

Estos criterios se concretan en la reformulación llana del estilo retorcido y retórico, típico de la burocracia. Fijémonos en el siguiente ejemplo, extraído de un impreso administrativo:

ORIGINAL

No obstante, y habiéndose informado previamente al interesado de la posibilidad de solicitar el anticipo a cuenta de la pensión que le fuere reconocida en su momento, de acuerdo con lo que dispone el artículo 47 de la Ley 31/1990, de 27 de diciembre, el citado funcionario desea acogerse a este derecho, habiendo cumplimentado y firmado el modelo CPA/2 que se adjunta.

Por lo cual y después de haber efectuado el cálculo de previsión de acuerdo con las fórmulas previstas en el Real Decreto 670/1987 de 30 de abril, y las circunstancias concurrentes en el expediente del interesado (30 años de servicio en el mismo Cuerpo), el porcentaje a aplicar por el anticipo a cuenta de la pensión no se prevee que pueda ser inferior al 80 %. [CRIP]

LLANO

El funcionario se acoge al derecho de solicitar un anticipo a cuenta de la pensión que se le reconozca en su momento, de acuerdo con el artículo 47 de la Ley 31/1990, de 27 de diciembre. Para ejercerlo, ha cumplimentado y firmado el modelo CPA/2 que se adjunta.

El porcentaje que se aplique al anticipo será del 80 % o superior, de acuerdo con las fórmulas previstas en el Real Decreto 670/1987 de 30 de abril y con la circunstancia de que el interesado tiene 30 años de servicio en un mismo cuerpo, según el expediente.

El estilo llano no pretende desvirtuar los textos técnicos o especializados reescribiéndolos con una prosa corriente o incluso «vulgar». Viendo reformulaciones como la anterior, se suele criticar que las dos versiones difieren en detalles que pueden ser relevantes desde un punto de vista legal. Por ejemplo, puede resultar diferente decir que *(no) pueda ser inferior al 80 %* o *será del 80 % o superior*. Es inevitable que una versión más llana modifique el estilo, la sintaxis y también el regusto y las connotaciones del original, pero esto no significa que se puedan entender ideas distintas. La lengua es –debe ser– lo bastante dúctil y maleable para expresar cualquier dato con palabras comprensibles.

Para terminar, debemos tener en cuenta que las implicaciones del estilo llano se extienden mucho más allá de la escritura. Cuando se rehace la redacción de un documento como en el ejemplo anterior, pensamos que se trata sólo de una cuestión de sintaxis. Pero, en el fondo, varían otras cosas mucho más importantes: cambia la manera de leer y de escribir el texto; cambian también los hábitos lingüísticos de las personas que utilizan el documento; aumenta el grado de comprensión del impreso; cambia la filosofía de la comunicación. En definitiva, lo que nos propone el lenguaje llano es una nueva *cultura comunicativa*, una manera más eficaz y democrática de entender la comunicación escrita entre las personas.

Encontrarás más información en Bailey (1990), Eagleson (1990), Wydick (1985), CLIC (1986), Cassany (1992) y en la revista especializada *Simply Stated*.

LOS PROCESOS DE COMPOSICIÓN

> *Escribir es un proceso; el acto de transformar pensamiento en letra impresa implica una secuencia no lineal de etapas o actos creativos.*
>
> JAMES B. GRAY

> *El proceso de escribir me recuerda los preparativos para una fiesta. No sabes a cuánta gente invitar, ni qué menú escoger, ni qué mantel poner... Ensucias ollas, platos, vasos, cucharas y cazos. Derramas aceite, lo pisoteas, resbalas, vas por los suelos, sueltas cuatro palabrotas, maldices el día en*

que se te ocurrió la feliz idea de complicarte la existencia.
Finalmente, llegan los invitados y todo está limpio y relu-
ciente, como si nada hubiera pasado. Los amigos te felicitan
por el banquete y tú sueltas una de esas frases matadoras:
«Nada..., total media hora... ¡Todo lo ha hecho el horno!»

[GS]

Los procesos de composición del escrito son una línea de investigación psicolingüística y un movimiento de renovación de la enseñanza de la redacción. Su campo de acción es el proceso de composición o de escritura, es decir, todo lo que piensa, hace y escribe un autor desde que se plantea producir un texto hasta que termina la versión definitiva. Ha recibido mucha influencia de la psicología cognitiva y la lingüística del texto, y está provocando importantes cambios en la enseñanza de la escritura.

A partir de los años setenta, en los EE.UU., varios psicólogos, pedagogos y profesores de redacción empezaron a fijarse en el comportamiento de los escritores cuando trabajan: en las estrategias que utilizan para componer el texto, en las dificultades con que se encuentran, en cómo las solucionan, y en las diferencias que hay entre individuos. A partir de aquí aislaron los diversos subprocesos que intervienen en el acto de escribir: buscar ideas, organizarlas, redactar, revisar, formular objetivos, etc; también elaboraron un modelo teórico general, que paulatinamente se ha ido revisando y sofisticando.

La investigación descubrió diferencias significativas entre el comportamiento de los aprendices y el de los expertos, que parecen relacionarse con la mala o buena calidad de los textos que producen unos y otros. En síntesis y de una forma un tanto tosca, los expertos utilizan los subprocesos de la escritura para desarrollar el escrito; buscan, organizan y desarrollan ideas; redactan, evalúan y revisan la prosa; saben adaptarse a circunstancias variadas y tienen más conciencia del lector. En cambio, los aprendices se limitan a capturar el flujo del pensamiento y a rellenar hojas, sin releer ni revisar nada.

Puesto que los resultados de estas investigaciones ya se han difundido bastante entre nosotros, remito al lector a Cassany (1987 y 1990) y a Camps (1990a, 1990b y 1994). A continuación me limitaré a citar cuatro implicaciones que tiene esta corriente para nuestra *cocina*:

31

- Si la legibilidad y el estilo llano tratan de *cómo tiene que ser el escrito*, esta tercera vía trata de *cómo trabaja el escritor/a*. Describe las estrategias cognitivas que utilizamos para escribir y propone técnicas y recursos para desarrollarlas. A título de ejemplo:

  - *Buscar ideas:* torbellino de ideas, estrella de las preguntas, escritura libre o automática.
  - *Organizar ideas:* ideogramas, mapas mentales, esquemas.
  - *Redactar:* señales para leer, variar la frase, reglas de economía y claridad.

- Fomenta el crecimiento individual del escritor, más que el uso de recetas, fórmulas o técnicas establecidas de escritura. No hay una única manera de escribir, sino que cada cual tiene que encontrar su estilo personal de composición.

- Escribir es un proceso de elaboración de ideas, además de una tarea lingüística de redacción. El escritor tiene que saber trabajar con las ideas tanto como con las palabras.

- Escribir es mucho más que un medio de comunicación: es un instrumento epistemológico de aprendizaje. Escribiendo se aprende y podemos usar la escritura para comprender mejor cualquier tema.

Los procesos de composición han desembocado en un caudal importante y renovador de libros y manuales prácticos sobre escritura, que presentan varias estrategias y técnicas de composición. Los que he considerado para el presente manual son: Lusser Rico (1983), Booth Olson (1987), Flower (1989), Murray (1987) y White y Arndt (1991).

> *Para deziros la verdad, muy pocas cosas observo, porque*
> *el estilo que tengo me es natural, y sin afetación ninguna*
> *escrivo como hablo, solamente tengo cuidado de usar de vo-*
> *cablos que sinifiquen bien lo que quiero dezir, y dígolo*
> *quanto más llanamente me es posible, porque a mi parecer*
> *en ninguna lengua stá bien el afetación.*

Juan de Valdés

En los últimos años, la lengua y la escritura castellanas han evolucionado y están evolucionando al ritmo vertiginoso que marcan los sucesos históricos y las necesidades socioculturales. La transición democrática y el desarrollo de un estado constitucional exigieron inevitablemente la creación de un lenguaje político nuevo. El vetusto estilo administrativo de la dictadura, cargado de clichés complicados, sintaxis rebuscada, tratamientos jerárquicos y expresiones halagadoras o humillantes —hoy en día ridículas y risibles—, está dejando paso —¡quizás con menos rapidez de la deseada!— a un lenguaje mucho más sencillo, neutro, que trate con respeto a todos los españoles y españolas. ¡Se tienen que acabar los *Muy ilustre señoría..., ruego tenga en consideración..., su servidor humildemente pide...!* El *Manual de estilo del lenguaje administrativo* (1991) del Ministerio para las Administraciones Públicas significa un primer avance moderado en este sentido, que debe ser completado con más decisión.

Por otra parte, los avances tecnológicos, la investigación y el creciente contacto de lenguas imprimen un dinamismo asombroso a los usos lingüísticos. Cada año surgen nuevos conceptos, objetos o actividades que exigen denominaciones específicas, y se olvidan otros que dejan de utilizarse. La lengua castellana tiene que generar la terminología propia necesaria para satisfacer estas necesidades, si pretende sobrevivir a la todopoderosa colonización verbal del inglés. Los *yuppie, overbooking, catering* o *rafting* deberían encontrar un vocablo o una expresión que fuera más respetuosa con la estructura y los recursos propios de la lengua. Las referencias bibliográficas sobre este importantísimo campo lingüístico se están multiplicando y se han creado algunos grupos y redes de trabajo, como Termesp (Terminología española, 1985) y RITERM (Red Iberoamericana de Terminología, 1988), al amparo del CSIC (Consejo Superior de Investigaciones Científicas). Para una revisión a fondo del tema, ver Cabré (1993).

En tercer lugar, la imparable y competitiva expansión de los medios de comunicación provoca una búsqueda permanente del lenguaje llano que pueda llegar a todas las audiencias potenciales, tratando los temas actuales que interesan y recogiendo la creatividad y los usos lingüísticos de la calle. Periódicos, radios y televisiones se afanan por elaborar un estilo expresivo propio y adecuado a los tiempos modernos. Así lo demuestra el creciente número de manuales de estilo en el ámbito periodístico (*ABC, Agencia EFE, Canal Sur Televisión, El País, La Vanguardia, La Voz de Galicia,* TVE, Sol [1992]). Para una revisión del tema, ver Fernández Beaumont (1987) y Blanco Soler (1993), etc.

La preocupación por mejorar la comunicación escrita también está llegando a la empresa. Clientes, técnicos y empresarios se están dando cuenta de que la lengua incide decisivamente en la actividad económica: un anuncio publicitario o una carta comercial bien escritos pueden vender más que una visita o una llamada telefónica; un impreso diseñado racionalmente ahorra tiempo y errores; una auditoría sucinta permite tomar decisiones con rapidez, etc. En los últimos años, la oferta editorial sobre escritura para la empresa se ha multiplicado: correspondencia comercial, informes técnicos, comunicación protocolaria, publicidad, relaciones públicas, etc. (Delisau, 1986; Fernández de la Torriente y Zayas-Bazán; 1989; Garrido, 1989, etc.). Además, algunas empresas ya han empezado a elaborar sus propios manuales y formularios de comunicación: «la Caixa» (1991).

La enseñanza no se queda atrás. En pocos años hemos pasado de la oración al discurso, de la memorización de reglas ortográficas a la práctica de la expresión. La reciente Reforma Educativa ha remachado con fuerza este planteamiento con un currículum que da tanta importancia a las habilidades como a los conocimientos. Los talleres de escritura y las técnicas de redacción ya son una realidad en muchas aulas. Y la escritura especializada también ha entrado con decisión en los estudios superiores: periodismo, magisterio, traducción e interpretación, filologías, etc. En el ámbito bibliográfico, las referencias se han ampliado y consiguen un nivel de calidad remarcable (Coromina y Rúbio, 1989; Linares, 1979; Martín Vivaldi,

1982: Martínez Albertos, 1974 y 1992; Martínez de Sousa, 1987, 1992 y 1993; Moreno, 1991; Serafini, 1985 y 1992, etc.).

En conjunto, y sin pretender ser exhaustivo, estas iniciativas parten del objetivo de conseguir una escritura más eficaz, clara, correcta, para que los ciudadanos y las ciudadanas lean y escriban mejor todo tipo de textos. Muchas de las obras citadas adaptan al castellano, consciente o inconscientemente, las investigaciones citadas más arriba sobre legibilidad, estilo llano y, en menor grado, procesos de composición.

Considero importante que nuestra tradición de escritura se nutra de las investigaciones más recientes y que aproveche todo lo bueno que tengan las prosas extranjeras, pero adaptándolo a las características específicas de nuestra cultura y, sobre todo, sin renunciar a nuestras raíces. Dice el pueblo: *Quien de los suyos se aleja, Dios lo deja; el que a los suyos se parece, honra merece.* Que no ocurra lo que tememos algunos: que, deslumbrados por estos sugerentes ensayos anglófonos, acabemos todos escribiendo con un estilo simple y pobre, más propio de las películas norteamericanas que de la tradición literaria europea.

2. DE LO QUE HAY QUE SABER PARA ESCRIBIR BIEN; DE LAS GANAS DE HACERLO; DE LO QUE SE PUEDE ESCRIBIR; DEL EQUIPO IMPRESCINDIBLE PARA LA ESCRITURA, Y DE ALGUNAS COSAS MÁS

> *Los escritores dicen que escriben para que la gente les quiera más, para la posteridad, para despejar los demonios personales, para criticar el mundo que no gusta, para huir de sus neurosis, etc., etc. Yo escribo por todas estas razones y porque escribiendo puedo ser yo misma.*
>
> MARIA ANTÒNIA OLIVER

Antes de ponerse el delantal, conviene hacer ciertas reflexiones generales sobre la escritura. Hay que darse cuenta del tipo de empresa en que nos metemos, tomar conciencia de las dificultades que nos esperan y formular objetivos sensatos según la capacidad y el interés de cada cual. ¡Ah! Atención al equipo necesario para escribir. No se puede esquiar sin esquís, ¿verdad?

CONOCIMIENTOS, HABILIDADES Y ACTITUDES

En la escuela nos enseñan a escribir y se nos da a entender, más o menos veladamente, que lo más importante —y quizá lo único a tener en cuenta— es la gramática. La mayoría aprendimos a redactar pese a las reglas de ortografía y de sintaxis. Tanta obsesión por la epidermis gramatical ha hecho olvidar a veces lo que tiene que haber dentro: claridad de ideas, estructura, tono, registro, etc. De esta manera, hemos llegado a tener una imagen parcial, y también falsa, de la redacción.

Para poder escribir bien hay que tener aptitudes, habilidades y actitudes. Es evidente que debemos conocer la gramática y el léxico, pero también se tienen que *saber utilizar* en cada momento. ¿De qué sirve saber cómo funcionan los pedales de un coche, si no se saben utilizar con los pies? De la misma manera hay que dominar las estrategias de redacción: buscar ideas, hacer esquemas, hacer borradores, revisarlos, etc. Pero estos dos aspectos están determinados por un tercer nivel más profundo: lo que pensamos, opinamos y sentimos en nuestro interior acerca de la escritura. El siguiente cuadro nos muestra estas tres dimensiones:

CONOCIMIENTOS	HABILIDADES	ACTITUDES
Adecuación: nivel de formalidad.	Analizar la comunicación.	¿Me gusta escribir? ¿Por qué escribo?
Estructura y coherencia del texto.	Buscar ideas.	¿Qué siento cuando escribo?
Cohesión: pronombres, puntuación...	Hacer esquemas, ordenar ideas.	¿Qué pienso sobre escribir?
Gramática y ortografía.	Hacer borradores.	
Presentación del texto.	Valorar el texto.	
Recursos retóricos.	Rehacer el texto.	

La columna de los conocimientos contiene una lista de las propiedades que debe tener cualquier producto escrito para que actúe con éxito como vehículo de comunicación; es lo que autoras y autores deben saber imprimir en sus obras. La columna de las habilidades desglosa las principales estrategias de redacción que se ponen en práctica durante el acto de escritura, como si fueran las herramientas de un carpintero o de un cerrajero. Podríamos añadir las destrezas psicomotrices de la caligrafía o del tecleo. La tercera lista, la de las actitudes, recoge cuatro preguntas básicas sobre la motivación de escribir, que condicionan todo el conjunto.

Veámoslo. Si nos gusta escribir, si lo hacemos con ganas, si nos sentimos bien antes, durante y después de la redacción, o si tenemos una buena opinión acerca de esta tarea, es muy probable que hayamos aprendido a escribir de manera natural, o que nos resulte fácil aprender a hacerlo o mejorar nuestra capacidad. Contrariamente, quien no sienta interés, ni placer, ni utilidad alguna, o quien tenga que obligarse y vencer la pereza para escribir, éste seguro que tendrá que esforzarse de lo lindo para aprender a hacerlo, mucho más que en el caso anterior; incluso es probable que nunca llegue a poseer el mismo nivel. ¡Las actitudes se encuentran en la raíz del aprendizaje de la escritura y lo condicionan hasta límites que quizá ni sospechamos!

¡Pero esto no sirve de excusa para los más desmotivados! Muchas personas conducen bastante bien, circulan por todas partes sin tener accidentes, aunque no soporten ni los coches ni las carreteras —como me sucede a mí mismo—. Otras personas odian la cocina, los cacharros y los fogones, pero aprenden a sobrevivir con las cuatro reglas básicas del congelado y el microondas. Pues bien, así pasa —¡debería pasar!— con la escritura. Todo el mundo tendría que poseer un mínimo nivel de expresión para poder defenderse en esta difícil sociedad alfabetizada en la que nos ha tocado vivir. Esto es absolutamente posible. Recordemos lo que decía en la introducción: escribir es una técnica, no una magia.

RAZONES PARA ESCRIBIR

> *Tardamos bastante más de lo que calculan los maestros en entender la escritura como búsqueda personal de expresión. El primer aliciente para expresarse por escrito de una manera espontánea surge, precisamente, como rebeldía frente a su mandato. La ruptura con los maestros es condición necesaria para que germine la voluntad real de escribir.*
>
> CARMEN MARTÍN GAITE

Cuando le preguntas a alguien si le gusta escribir y qué escribe, la conversación se llena inevitablemente de tópicos. Alguien puede entender escribir en el sentido literario, si le gusta escribir cuentos, poemas o cualquier otro texto creativo. Otra persona pensará en las cartas y responderá lo más seguro que no, que muy raramente, porque es más rápido llamar por teléfono; y luego comentará que cada vez se escribe menos. Al fin y al cabo, todos concluiremos diciendo que no tenemos tiempo para escribir, aunque nos gustaría poder hacerlo más a menudo.

La imagen social más difundida de la escritura es bastante raquítica y a menudo errónea. No todo el mundo califica como escritos lo que se elabora en el trabajo (informes, notas, programas), en la escuela (reseñas, apuntes, exámenes, trabajos), para uno mismo (agenda, diario, anotaciones), o para amigos y familiares (invitaciones, notas, dedicatorias). Asimismo, se suele pensar siempre en la función de comunicar (cartas, cuentos, certificados) y mucho menos en la de registrar (apuntes, resumen de un libro, notas), la de aprender (trabajos, análisis de un tema, reflexiones), o la de divertir (poema, dedicatoria). Con una gama tan limitada de utilidades, es muy lógico que no encontremos motivos importantes para redactar.

Pero la escritura tiene muchas utilidades y se utiliza en contextos muy variados. Fíjate en el cuadro de la siguiente página, donde encontrarás una clasificación de los diferentes tipos de escritura.

TIPO DE ESCRITURA

	CARACTERÍSTICA	FORMA
PERSONAL	**Objetivo básico:** explorar intereses personales **Audiencia:** el autor Base para todo tipo de escritura Tiene flujo libre Fomenta la fluidez de la prosa y el hábito de escribir Facilita el pensamiento	diarios personales cuadernos de viaje y de trabajo ensayos informales y narrativos escribir a chorro torbellino de ideas ideogramas recuerdos listas dietarios agendas
FUNCIONAL	**Objetivo básico:** comunicar, informar, estandarizar la comunicación **Audiencia:** otras personas Es altamente estandarizada Sigue fórmulas convencionales Ámbitos laboral y social	correspondencia comercial, administrativa y de sociedad cartas invitaciones contratos felicitaciones resúmenes facturas memorias solicitudes
CREATIVA	**Objetivo básico:** satisfacer la necesidad de inventar y crear **Audiencia:** el autor y otras personas Expresión de sensaciones y opiniones privadas Busca pasarlo bien e inspirarse Conduce a la proyección Experimental Atención especial al lenguaje	poemas ensayos mitos cartas comedias canciones cuentos chistes anécdotas parodias gags novelas
EXPOSITIVA	**Objetivo básico:** explorar y presentar información **Audiencia:** el autor y otras personas Basado en hechos objetivos Ámbitos académico y laboral Informa, describe y explica Sigue modelos estructurales Busca claridad	informes noticias exámenes entrevistas cartas normativa ensayos instrucciones manuales periodismo literatura científica
PERSUASIVA	**Objetivo básico:** influir y modificar opiniones **Audiencia:** otras personas Pone énfasis en el intelecto y/o las emociones Ámbitos académico, laboral y político Puede tener estructuras definidas Real o imaginado	editoriales anuncios cartas eslóganes panfletos peticiones ensayos artículos de opinión publicidad literatura científica

[extraído de Sebranek, Meyer y Kemper, 1989]

Confieso que me gusta escribir y que me lo paso bien escribiendo. Me resisto a creer que nací con este don especial. Al contrario, me gusta creer que he aprendido a usar la escritura y a divertirme escribiendo; que yo mismo he configurado mis gustos. La letra impresa ha sido un compañero de viaje que me ha seguido en circunstancias muy distintas. Poco a poco he cultivado mi sensibilidad escrita, desde que llevaba pañales, cuando veía a padres y hermanos jugando con letras, hasta la actualidad.

Cuando era un adolescente escribía poemas y cuentos para analizar mis sentimientos, sobre todo en momentos delicados. En la escuela y en la universidad, me harté de tomar apuntes, resumir y anotar lo que tenía que retener para repasar más tarde; también escribí para aprender (reseñas, comentarios, trabajos) y para demostrar que sabía (exámenes). Todavía hoy, cuando tengo que entender un texto o una tesis complejos, hago un esquema o un resumen escritos.

También escribí por trabajo: exámenes, informes, proyectos, artículos, cartas. Incluso en una ocasión recuerdo que aproveché la escritura con finalidades terapéuticas. Era muy joven e impartía mi primer curso de redacción en una empresa privada. Mis alumnos no sólo eran bastante mayores que yo, sino que había algunos que trabajaban en la empresa desde antes de que yo naciera. Me sentía tan inseguro que casi me daba miedo entrar en el aula cada día. Decidí llevar un diario de curso para reflexionar sobre la experiencia. Cuando finalizaba cada clase, me ponía a escribir todo lo que había pasado y lo que sentía. Proyectaba en el papel todo tipo de frustraciones, dudas e inseguridades. Era como si me tomara una aspirina: recobraba confianza y fuerza para volver a clase al día siguiente.

Creo que cada persona puede cultivar la afición por la escritura de una manera parecida. Sólo se trata de saber encontrar los indiscutibles beneficios personales que puede ofrecernos esta tarea. Un día te pones a escribir sin que nadie te lo ordene y entonces descubres su encanto. Vuelves a hacerlo y, poco a poco, la escritura se revela como una gran amiga, como una excelente y útil compañera de viaje. Te conviertes en un/a escritor/a —¡ojo!, en minúscula, si hace falta.

El desarrollo tecnológico ha sacudido también a la escritura, como a tantas otras actividades. La cocina del escritor se ha llenado de todo tipo de artefactos sofisticadísimos. Siempre será mucho más agradable deslizar la pluma sobre la rugosidad de un papel de barba —a ser posible rodeado de un bonito paisaje—, pero nadie discute que cualquier ordenador mínimamente digno simplifica el trabajo. Por otra parte, cada vez *tecleamos* más y *caligrafiamos* menos: dentro de poco sólo utilizaremos las plumas para apuntar números de teléfono, firmar cheques o escribir algún poema personal.

El amplio abanico del equipo se extiende desde el apreciado lápiz y papel hasta los completos procesadores de textos, con diccionario y verificador ortográfico incorporados. Al aprendiz amateur le basta una libreta y un bolígrafo, mientras que el profesional necesita libros de consulta, unos rotuladores determinados o quizá incluso casetes para grabar. El cuadro de la siguiente página presenta los utensilios para la escritura distribuidos por funciones.

En el capítulo de informática las novedades se sustituyen a una velocidad vertiginosa. Cuando todavía no nos hemos acostumbrado a escribir dentro del cubo del ordenador con un procesador normal, ya hay —sobre todo en inglés— programas de redacción asistida para captar y organizar ideas, analizar el grado de legibilidad de un texto (longitud de las frases, vocabulario básico, estructuras) o traducir palabras y expresiones de ámbitos específicos, de una lengua a otra. Cuando el fax empieza a ser una herramienta conocida, llega el correo electrónico, que modificará aún más nuestros hábitos.

Umberto Eco (1991) destaca la posibilidad que ofrece el ordenador de fundir en un texto escritos de procedencias distintas; es decir: la intertextualidad, que es el centro de la reflexión filosófica y de la literatura contemporáneas. Añade: «Por primera vez en la historia de la escritura, se puede escribir casi a la misma velocidad con que se piensa: sin preocuparse de las faltas. [...] Con el ordenador transcribes en la pantalla al mismo tiempo todas tus ideas sobre un tema. ¡Es la realización de la escritura automática de los surrealistas! Tienes delante tu pensamiento, en bruto.»

El impacto de la informática en los hábitos del escritor tiene que considerarse totalmente positivo. Las pocas voces que hace unos cuantos años desconfiaban del ordenador y auguraban una re-

EQUIPO PARA LA ESCRITURA

Soportes para
reunir información
y redactar:

- libro en blanco para un diario personal
- cuaderno, libreta o agenda para tomar notas
- hojas sueltas para anotar, escribir o hacer esquemas [un detalle que hará sonreír a más de uno: Atención a los planteamientos ecológicos: papel reciclado, aprovechar las dos caras de la hoja, etc.]
- microcasete para grabar pensamientos huidizos

Utensilios
para marcar:

- herramientas autónomas: lápiz (y sacapuntas), bolígrafo, pluma, rotuladores, etc.
- máquina de escribir mecánica o eléctrica
- ordenador fijo o portátil: soporte informático

Material
de consulta:

- manuales de ortografía y gramática
- diccionarios de lengua: generales y específicos, bilingües, de sinónimos, de verbos, inversos, etc.
- enciclopedias

Informática:

- procesador de textos con funciones básicas
- verificador ortográfico
- diccionario y sinónimos
- verificación automática de la legibilidad
- programas de redacción y traducción asistida
- programas de edición de textos
- programas de diseño de gráficos y dibujos

Otros utensilios
de utilidad:

- clips, notas adhesivas, goma de borrar, corrector líquido o de lápiz, rotuladores fluorescentes, pegamento, grapas y material corriente de oficina

43

ducción de la calidad de la escritura o una pérdida de los valores tradicionales, ahora provocan risa. Estas máquinas liberan al autor de las tareas más pesadas de la escritura: copiar, corregir o borrar, y le permiten concentrarse mejor en las más creativas de buscar ideas, construir significado y redactar. El texto gana calidad porque da menos pereza revisar y de este modo se puede elaborar más.

Por lo que se refiere al material de consulta, que nadie se avergüence de utilizarlo de la manera más natural. No tiene fundamento alguno el creer que los buenos autores nunca dudan ni necesitan hojear la gramática, o que si nosotros lo hacemos es precisamente porque no sabemos escribir. Los más eminentes escritores —¡que me perdonen!— también cometen incorrecciones y también tienen lagunas lingüísticas. Los profesionales tenemos siempre la mesa puesta, con el ordenador, los diccionarios de lengua, de sinónimos, la gramática, etc.

Además, podemos alegar precedentes ilustrísimos. En el siglo XIII, Ramon Vidal de Besalú escribió la primera gramática neolatina conocida, *Las rasós de trobar* [un fragmento de cuya introducción se ha citado al principio de esta *cocina*], para enseñar a los aprendices de trovador catalanes la manera correcta de componer versos, siguiendo el ejemplo de los grandes maestros provenzales. Un siglo más tarde (1371), el tío de Ausiàs March, Jacme March, redactó el *Llibre de concordances*, un diccionario inverso de seis mil palabras para ayudar a los poetas a encontrar rimas; y parece demostrado que el gran poeta medieval Jordi de Sant Jordi lo utilizó en más de una ocasión, con resultados excepcionales.

LA ESCRITURA RESPETUOSA

«El lenguaje [y, por lo tanto, también la escritura] no es una creación arbitraria de la mente humana, sino un producto social e histórico que influye en nuestra percepción de la realidad. Al trasmitir socialmente al ser humano las experiencias acumuladas de generaciones anteriores, el lenguaje condiciona nuestro pensamiento y determina nuestra visión del mundo.» De este modo empieza la UNESCO (1991) las *Recomendaciones para un uso no sexista del lenguaje*, en las que ofrece algunos consejos para usar el lenguaje de una manera respetuosa.

La escritura corriente arrastra los prejuicios sexistas que se han atribuido a las mujeres durante generaciones y que han permanecido fijados en los usos lingüísticos. Escribimos *el hombre, los hombres, el niño, los andaluces* o *los escritores* y *el autor*, para referirnos tanto a las personas del sexo masculino como femenino. Denominamos *abogado* y *médico* a la mujer que ejerce estas profesiones. Utilizamos formas como *señorita María* (pero no *señorito Martín*), *él y su mujer, señora de Pérez.* Sea de un modo más o menos consciente, en todos estos usos discriminamos a las mujeres: cuando no las mencionamos, cuando lo hacemos con palabras en masculino, o cuando las subordinamos a los hombres.

En la medida en que aceptamos estos usos y los utilizamos, estamos perpetuando expresiones sexistas y los prejuicios que comportan. Los escritores y las escritoras debemos colaborar en la elaboración de un nuevo lenguaje, un nuevo instrumento de análisis y reflexión, libre de tics discriminatorios y respetuoso con todas las personas y colectividades. Mediante la acción educativa y cultural, podremos difundir estos nuevos modelos verbales para que influyan positivamente en los comportamientos humanos y en nuestra percepción de la realidad.

La Administración pública es tal vez el ámbito en el cual se ha empezado a trabajar con más ahínco en este terreno, con la adaptación al castellano de las *Recomendaciones...* de la UNESCO (1991), que he citado más arriba, y con varias propuestas para evitar los usos discriminatorios. El siguiente ejemplo contrastado es una adaptación al castellano de los textos que presenta para el catalán las *Indicacions per evitar la discriminació per raó de sexe en el llenguatge administratiu:*

SEXISTA	RESPETUOSA
	Estimado señor:
Estimado señor:	*Estimada señora:*
Lamentamos tener que informarle sobre la decisión de *los directores,* que no *lo* han considerado *apto* para la vacante de *adjunto,* para la cual fue *entrevistado.* Ha resultado bastante difícil escoger entre *tantos*	Lamentamos tener que informarle sobre la decisión del *consejo de dirección,* que ha considerado que no reunía las *condiciones suficientes* para la vacante de *adjunto/a,* para la cual realizó la *entrevista.* Ha re-

candidatos que, como usted, estaban muy *capacitados*. De todos modos, *los responsables* de esta entidad nos sentiríamos muy *honrados* si pudiéramos contar con usted entre *nuestros futuros colaboradores*.

sultado bastante difícil escoger entre *un grupo tan numeroso de aspirantes* que, como usted, mostraron muchas *capacidades*. De todos modos, *esta entidad* se sentiría muy honrada si pudiera contar con su *futura colaboración*.

La versión respetuosa utiliza fórmulas válidas para ambos sexos: doble saludo masculino y femenino *(estimado señor, estimada señora)*, uso de la barra inclinada para abreviar ambas formas *(adjunto/a)*; vocablos de significado colectivo *(dirección, un grupo numeroso, entidad, colaboración)*; perífrasis y circunloquios para evitar fórmulas sexistas, etc. La UNESCO (1992) también ofrece una lista de los usos sexistas más frecuentes con propuestas alternativas de solución (para más información, ver García Meseguer, 1994, y Lledó, 1992). El siguiente cuadro presenta algunas fórmulas:

EJEMPLOS DE USOS NO SEXISTAS

USOS CORRIENTES	POSIBLES SOLUCIONES
El hombre *o* los hombres	los hombres y las mujeres, la humanidad, las personas
el cuerpo del hombre	el cuerpo humano
el hombre de la calle	las personas corrientes, la gente en general, la mayoría de la gente
los niños	los niños y las niñas, la infancia
los mexicanos	los mexicanos y las mexicanas el pueblo mexicano
las mujeres de la limpieza	el personal de limpieza
los médicos y las enfermeras	el personal médico, el personal de salud
Ana Cot, abogado, médico, ingeniero, ministro, arquitecto, diputado, *etc.*	Ana Cot, abogada, médica, ingeniera, ministra, arquitecta, diputada, *etc.*

Por otra parte, la escritura respetuosa abarca otros campos además del sexismo. También hay que ser respetuoso con las diversas colectividades sociales (razas, dialectos, profesiones, poblaciones, minorías, etc.). Por ejemplo, demasiadas veces adoptamos un punto de vista etnocéntrico: nos dirigimos sólo a los ciudadanos y ciudadanas de una importante metrópoli o del dialecto con mayor número de hablantes o con más prestigio, prescindiendo de las zonas rurales o del resto de variedades dialectales.

En los países anglosajones, y sobre todo en EE.UU., es donde se ha desarrollado con más interés, fervor y hasta fanatismo esta tendencia a erradicar del lenguaje cualquier tipo de discriminación. Con la sigla PC (*Politically correct*: políticamente correcto) se designa el lenguaje neutro que respeta la gran diversidad de razas, sexos, orientaciones sexuales, apariencias físicas, etc., de la ciudadanía —¡y que incluye también el respeto hacia todas las especies animales!—. Se trata de eliminar del habla expresiones como *un trabajo de chinos, es un gitano, habla como un perro*, etc; o de sustituir los *negro, maricón, moro* o *subnormal* corrientes por los correspondientes *africano* (o *afroamericano, caribeño*, etc.), *gay, árabe* y *disminuido*.

Pero la radicalización de esta muy loable tendencia puede conducirnos al esperpento lingüístico, como demuestra con sarcasmo premeditado el diccionario «oficial» de lo políticamente correcto [ver Berd y Cerf (1992)]. Según este pequeño pero jugoso manual, *tribu* debería sustituirse por *nación* o *pueblo*, para evitar la connotación de primitivismo del primero —de acuerdo—; *portera* por *controladora de accesos*; *pobre* por *económicamente explotado* o *marginado*, o también *de renta baja*; *feo* por *cosméticamente diferente*, y *dentadura postiza* por *dentición alternativa*. Sin comentarios.

En el terreno del sexismo lingüístico, el extremismo puede llevarnos a redacciones como la siguiente: «Estimados/as padres y madres: os recordamos que la semana que viene vuestros/as hijos/as asistirán a las tradicionales colonias anuales, acompañados/as de algunos/as maestros/as. Dado que los/las monitores/as del centro de educación ambiental...» ¡No vamos a ninguna parte, con este estilo! Quizá no discrimine a las madres, a los maestros o a las monitoras de educación ambiental... pero nos fastidia a todos los lectores, seamos hombres o mujeres. En consecuencia, creo que es sensato y necesario pulir nuestra habla y buscar el respeto para todos, pero el sentido común debería permanecer por encima del radicalismo.

Por lo que se refiere a esta *cocina*, he intentado ser respetuoso con mis lectores y con mis lectoras. Me gustaría que ninguna escritora se sintiera discriminada por mis palabras y que la gente de cualquier rincón de mi país se sintiera incluida en los ejemplos. Pero reconozco que no siempre he sabido eliminar los tics sexistas de mi prosa: ese *autor* o ese *escritor* pesados y difíciles de modificar. Me he limitado a evitar las discriminaciones en las partes y las posiciones más importantes del libro (títulos, subtítulos, inicio) y a recordar, de vez en cuando, que me refiero tanto a los hombres como a las mujeres.

MI IMAGEN DE ESCRITOR/A

El primer ejercicio de la *cocina* es una reflexión escrita. Si escribir sirve para aprender, podemos aprender de la escritura escribiendo sobre escribir. Se trata de explorar las opiniones, las actitudes y los sentimientos que poseemos sobre la redacción. Tomar conciencia de la realidad es útil para comprenderla mejor, para comprendernos mejor y para dar explicaciones a hechos que tal vez de otra forma nos parecerían absurdos.

Yo ya me desnudé más arriba. Ahora te toca a ti. Puedes responder a las siguientes preguntas e iniciar un monólogo escrito sobre tu imagen de escritor o escritora. También puedes hacerlo pensando o hablando, pero el ejercicio pierde energía.

¿QUÉ IMAGEN TENGO DE MÍ COMO ESCRITOR O ESCRITORA?

Escribir es como fotografiarse, y explicar cómo escribes es como querer explicar la fotografía. [GM]

- ¿Me gusta escribir? ¿Qué es lo que me gusta más de escribir? ¿Y lo que me gusta menos?
- ¿Escribo muy a menudo? ¿Me da pereza ponerme a escribir?
- ¿Por qué escribo? Para pasármelo bien, para comunicarme, para distraerme, para estudiar, para aprender...
- ¿Qué escribo? ¿Cómo son los textos que escribo? ¿Qué adjetivos les pondría?

- ¿Cuándo escribo? ¿En qué momentos? ¿En qué estado de ánimo?
- ¿Cómo trabajo? ¿Empiezo enseguida a escribir o antes dedico tiempo a pensar? ¿Hago muchos borradores?
- ¿Qué equipo utilizo? ¿Qué utensilio me resulta más útil? ¿Cómo me siento con él?
- ¿Repaso el texto muy a menudo? ¿Consulto diccionarios, gramáticas u otros libros?
- ¿Me siento satisfecho/a de lo que escribo?
- ¿Cuáles son los puntos fuertes y los débiles?
- ¿De qué manera creo que podrían mejorar mis escritos?
- ¿Cómo me gustaría escribir? ¿Cómo me gustaría que fueran mis escritos?
- ¿Qué siento cuando escribo? Alegría, tranquilidad, angustia, nerviosismo, prisa, placidez, cansancio, aburrimiento, pasión...
- ¿Estas sensaciones afectan de alguna forma al producto final?
- ¿Qué dicen los lectores de mis textos? ¿Qué comentarios me hacen más a menudo?
- ¿Los leen fácilmente? ¿Los entienden? ¿Les gustan?
- ¿Qué importancia tiene la corrección gramatical del texto? ¿Me preocupa mucho que pueda haber faltas en el texto? ¿Dedico tiempo a corregirlas?
- ¿Me gusta leer? ¿Qué leo? ¿Cuándo leo?
- ¿Cómo leo: rápidamente, con tranquilidad, a menudo, antes de acostarme...?

A título de ejemplo, he aquí dos imágenes distintas de dos aprendices de redacción:

MI IMAGEN DE ESCRITORA

«No sé cómo empezar», ésta es la primera afirmación que hago cuando tengo que escribir un tema para un examen o preparar una clase o hacer un trabajo; en estas situaciones necesito redactar bien, explicar claramente los contenidos y, además, hacerlo con un lenguaje culto. Ante estas perspectivas, me «bloqueo» y no sé cómo empezar, ni cómo continuar.

49

Para mí, hacer este trabajo supone un sacrificio porque invierto mucho tiempo mirando y remirando el diccionario de sinónimos, la gramática, leyendo y releyendo lo que he escrito cincuenta mil veces; y aun así, siempre consigo un texto mediocre, nunca me siento satisfecha, creo que falta algo...

Ahora bien, cuando escribo por placer, es decir, cuando escribo porque me apetece, o porque psicológicamente lo necesito, entonces no me cuesta nada empezar. Escribo todo lo que me pasa por la mente: idea que tengo, idea que apunto; no me preocupa la gramática, ni la coherencia, ni la puntuación. Nada me preocupa, simplemente «vomito» todo lo que tengo en la cabeza y que por un motivo u otro no quiero compartir con nadie, es una especie de desahogo. Resultado: un texto sin cohesión con las ideas muy mezcladas, un escrito que a veces resulta incluso infantil.

Cabría comentar que nunca he tenido inquietudes de «escritora», en el sentido de persona que se dedica a cultivar los géneros literarios. No he intentado escribir ni un cuento ni un poema..., creo que no está hecho para mí.

¿Soluciones? Supongo que hay, sólo hay que saber vehicularlas. Así lo espero. [EV]

ENTRE EL PLACER DE ESCRIBIR
Y EL DEBER DE REDACTAR

«Hágame un informe para mañana por la mañana a primera hora. Cuando llegue quiero verlo encima de mi mesa. Ahora ya se puede ir y recuerde que no quiero excusas. Venga, hombre, váyase que no tengo todo el día.»

JB dio media vuelta sin decir nada; estaba hasta las narices de aquel mal nacido que les habían mandado de la central para imponer orden. Con su ademán de chulo intentaba esconder la incompetencia de la mediocridad mal digerida, no era más que un burócrata estirado, envuelto en papel de máster de dirección de empresas hecho en el extranjero.

Una vez más se veía obligado a reducir toda la complejidad de la realidad a la frialdad esquemática de un papel encorsetado; «si tenemos unas normas que regulan toda la documentación escrita de esta casa, me hará el favor de cumplirlas», le había masticado mientras las hojas llovían a trocitos por la mesa.

Era imposible intentar dialogar con un sujeto que perdía el hilo a la primera subordinada con que tropezaba y que convertía en dogma de fe cualquier disparate que superara el 50 % en las encuestas de opinión. La única justificación razonable era que sufriera algún tipo de trauma psíquico provocado por la lectura obligatoria, en su tierna adolescencia, de toda la obra completa en prosa de algún glorioso académico de su tierra.

JB, sentado en su escritorio, se sentía trastornado por la duda, poco hamletiana, entre la dignidad y el pan. Con dos expedientes abiertos, o se adaptaba al modelo de texto reglamentario o pasaba a engordar las filas de parados esperando el maná del subsidio. Se pasó toda la tarde encestando borradores en la papelera y se fue a casa con el problema en la maleta y la cabeza llena de preocupaciones.

El hecho de ser uno de los últimos representantes, todavía en activo, de los empeñados en escribir con pluma pese a los dulcísimos cantos de sirena que emanaban de las pantallitas informáticas, ya resultaba terriblemente sospechoso a la vista de la jerarquía. Un individuo que públicamente confesaba echar de menos las tertulias en el bar era, sin duda, un ser antisocial, improductivo y potencialmente peligroso.

Para remachar el clavo, hacía días que había cometido la imprudencia temeraria de afirmar que prefería pasar el rato hurgando entre estantes de una librería de segunda mano, por si encontraba alguna joya escondida que su sueldo le permitiera adquirir, a consultar la sofisticada base de datos acabada de instalar en el sistema de información. Una excentricidad que rozaba la perversión.

Después de cenar, con la mesa limpia y los folios dispuestos, la situación no parecía mejorar. Una profunda sensación de angustia se le adhería al cerebro y el estómago se le revolvía bajo una inclemente tormenta desatada en un mar de café. Después de aligerarse el cuerpo a la manera romana clásica, el espejo le reflejaba la imagen de un redactor ojeroso, pálido, despeinado, abatido y definitivamente perplejo. [JB]

Y termino con otra respuesta a la pregunta fundamental —el principio de todas las cosas—, que encabezaba este capítulo: *¿por qué escribo?* Ahora es la poetisa norteamericana Natalie Goldberg (1990) quien responde: «Es una buena pregunta. Es buena hacérsela de vez en cuando. Ninguna de las posibles respuestas podrá hacernos dejar de escribir y, con el paso del tiempo, nos daremos cuenta de que nos las hemos planteado todas:

1. Porque soy una cretina.
2. Porque quiero darle una buena impresión a los chicos.
3. Para darle gusto a mi madre.
4. Para molestar a mi padre.
5. Porque cuando hablo nadie me escucha.
6. Para hacer la revolución.
7. Para escribir la novela más grande de todos los tiempos y convertirme en millonaria.
8. Porque soy una neurótica.
9. Porque soy la reencarnación de Shakespeare.
10. Porque tengo algo que decir.
11. Porque no tengo nada que decir.»

¿A cuál te apuntas?

3. ACCIONAR MÁQUINAS

> *Una comunicación escrita es como un territorio extenso y desconocido que te contiene a ti, a tu lector/a, tus ideas, tu propósito y todo lo que puedas hacer. Lo primero que debes hacer como escritor/a es explorar este territorio. Tienes que conocer las leyes de la tierra antes de empezar a escribir el texto.*
>
> LINDA FLOWER

Pasan los minutos y no se te ocurre ninguna idea. Te sientes confundido. No ves por dónde empezar. Te comen los nervios. Tienes poco tiempo. No te sale nada. Vuelves a pensar en ello. La cabeza se te va de aquí para allá, y de allá para aquí. Falta concentración. Tienes que hacerlo ahora. Te gustaría tener páginas y páginas repletas de letra, aunque sólo fueran borradores. Sería un principio. Pero la página, en blanco. Blanca. Vacía. Llega la angustia. ¡Otra vez! Te da miedo esta situación. Terror. La página en blanco te provoca terror.

Todos hemos sentido más de una vez estas sensaciones. El proceso de la escritura es difícil de accionar, como todas las máquinas. Es posible que no encontremos ideas, que no nos gusten o que no tengamos muy claras las circunstancias que nos incitan a escribir. Nos bloqueamos, nos sentimos mal, y pasan y pasan los minutos en balde. Si la situación se repite muy a menudo, empezaremos a desarrollar miedos y fobias a la letra escrita, a la situación de ponerse a escribir. En este capítulo y en el siguiente presentaré algunos recursos para superar estos momentos delicados y calentar la máquina de la escritura.

EXPLORAR LAS CIRCUNSTANCIAS

Una situación determinada nos empuja a escribir, de manera más o menos consciente. A veces queremos divertirnos un rato, informar a alguien de un hecho o apuntar lo que se nos ha ocurrido para no olvidarlo. En cualquier caso, el escrito es una posible respuesta, entre otras, a la circunstancia planteada. Fíjate en los siguientes ejemplos:

53

CIRCUNSTANCIAS	ACTUACIONES

El perro

La vecina del piso de arriba de tu casa tiene un perro que se las trae: ladra por la noche y no deja dormir; hace sus necesidades en la escalera; se te echa encima y te ensucia cuando te ve, y asusta a los niños, al cartero y a los invitados imprevistos. Has hablado reiteradamente con la dueña de la bestia y no te hace ningún caso.

- *Quejarse formalmente.*
- *Denunciar al vecino.*
- *Informar a la asociación de vecinos.*
- Educar al perro.
- Deshacerse del perro.
- Buscar aliados y apoyo entre los otros vecinos.

Viaje a Turquía

Estás a punto de iniciar un magnífico viaje organizado a Turquía. Durante quince días visitarás muchas ciudades, harás amigos y vivirás anécdotas divertidas. Sabes por experiencia que poco después de tu regreso no te acordarás ni del nombre de los monumentos que visitaste, ni del de las personas que conociste, ni de la mitad de las cosas que te sucedieron. Harás fotos y comprarás algún recuerdo, pero te gustaría conservar mucho más que todo esto.

- Grabar en vídeo.
- Llevar un diario oral con un casete.
- *Hacer un cuaderno de viaje.*
- *Llevar un diario personal.*
- Guardar todos los papeles (billetes, facturas, programas...) que te den.

Fútbol

No tienes nada en contra del fútbol, pero te parece una exageración que sólo se hable de eso. La televisión retrasmite dos o tres partidos cada semana y repite cuatro o cinco veces los goles del domingo; los periódicos llenan de fútbol los titulares de primera página; la radio se harta de hacer comentarios futbolísticos. Te gustaría que se trataran otros temas culturales mucho más relevantes. Sospechas que muchas personas opinan como tú y permanecen calladas.

- *Difundir tu opinión.*
- Hablarlo con tus amigos.
- Buscar personas que piensen como tú.
- Dejar de escuchar y leer los medios de comunicación.
- Formar un club de enemigos del fútbol.

54

De las posibles actuaciones, como mínimo las que aparecen en cursiva requieren escritura. Una denuncia, un cuaderno de viaje o una carta pública actúan sobre las circunstancias planteadas para intentar solucionarlas. El éxito de la actuación dependerá en buena parte de la eficacia que tenga el escrito. Por ejemplo, una queja seria y expeditiva puede conducir a nuestra vecina a vigilar a su perro y a educarlo.

Una buena técnica para accionar la máquina de escribir consiste en explorar las circunstancias que nos mueven a redactar. Mi profesor de matemáticas decía que un problema bien planteado ya está medio resuelto. Del mismo modo, una situación comunicativa bien entendida permite poner en marcha y dirigir el proceso de la escritura hacia el objetivo deseado. Flower (1989) propone la siguiente guía, que hay que responder al inicio de la redacción:

GUÍA PARA EXPLORAR EL PROBLEMA RETÓRICO

Propósito
- ¿Qué quiero conseguir con este texto?
- ¿Cómo quiero que reaccionen los lectores y las lectoras?
- ¿Qué quiero que hagan con mi texto?
- ¿Cómo puedo formular en pocas palabras mi propósito?

Audiencia (receptor)
- ¿Qué sé de las personas que leerán el texto?
- ¿Qué saben del tema sobre el que escribo?
- ¿Qué impacto quiero causarles?
- ¿Qué información tengo que explicarles?
- ¿Cómo se la tengo que explicar?
- ¿Cuándo leerán el texto? ¿Cómo?

Autor (emisor)
- ¿Qué relación espero establecer con la audiencia?
- ¿Cómo quiero presentarme?
- ¿Qué imagen mía quiero proyectar en el texto?
- ¿Qué tono quiero adoptar?
- ¿Qué saben de mí los lectores y las lectoras?

Escrito (mensaje)
- ¿Cómo será el texto que escribiré?
- ¿Será muy largo/corto?
- ¿Qué lenguaje utilizaré?
- ¿Cuántas partes tendrá?
- ¿Cómo me lo imagino?

Lo más corriente es responder a estas preguntas mentalmente y de manera rápida para hacerse una composición de lugar. En circunstancias comprometidas, o cuando estemos bloqueados, merece la pena dedicarles más tiempo para determinar más concretamente los objetivos de la escritura. En el caso del perro del piso de arriba, ésta podría ser una reflexión hecha a partir de las preguntas. Se trata del monólogo interior de un escritor, preparándose para ejecutar su tarea:

> Tal vez la asociación de vecinos pueda resolver el problema. Me gustaría que el presidente le buscase las cosquillas a la dueña del perro; que fuera a visitarla y le formulara la queja oficial de todos los vecinos; que le insinuara incluso que tomaremos medidas legales si no tiene cuidado con la bestia.
> No conozco al presidente, pero me han dicho que es un hombre muy enérgico. Esto me va bien. Se lo tendré que explicar todo punto por punto —quiero que comprenda mi indignación, que la haga suya—. Detallaré todas las molestias que provoca el perro, sobre todo lo de la mierda. Enviaré el escrito a la asociación. Puede que no sea él quien lea la carta en primer lugar. ¿Tienen secretario? No creo que reciban muchas cartas como ésta. Mejor.
> A mí no me conocen. Pero sí que conocen a la señora Callís, la vecina de abajo. Quizá podría firmar ella la carta. ¡Espera! La podríamos firmar todos los vecinos, o unos cuantos. Tendría mucha más fuerza. Todos estarían de acuerdo y así se le daría más gravedad a la situación. ¿Tal vez la señora Callís podría llevar la carta personalmente?
> Debemos trasmitir unión e indignación contenida. No se me tiene que escapar la mala leche. Tiene que ser una carta seria —de *usted*—, no demasiado larga, pero que exponga todo con pelos y señales. Dos hojas como máximo. También conviene destacar que hemos intentado muchas veces hablar con la propietaria y que pasa olímpicamente de nosotros.

Cuanto más concreta sea la reflexión, más fácil será ponerse a escribir y conseguir un texto eficaz y adecuado a la situación. Demasiadas veces escribimos con una imagen desenfocada del problema, pobre o vaga, que nos hace perder tiempo y puede generar escritos inapropiados e incluso incongruentes.

A menudo el bloqueo inicial de la máquina proviene de la pereza que nos causa escribir, de la falta de hábito. No escribimos porque nos cuesta hacerlo y nos cuesta hacerlo porque escribimos poco. Una manera de romper este círculo vicioso es acostumbrarse a redactar un poco cada día: tomar notas o llevar un diario personal. También hay una técnica especial para preguntas escritas y otra para representar el pensamiento de manera gráfica:

• Desarrollar un enunciado

La circunstancia que nos mueve a escribir puede limitarse a una pregunta escrita, en exámenes, cuestionarios o pruebas. Así: *¿Por qué J. P. Sartre se considera uno de los principales difusores del existencialismo? ¿Qué tienen en común las diversas corrientes pictóricas de vanguardia, a principios de siglo? ¿En qué se parecen y en qué se diferencian los libros y las novelas de caballerías?* En estas ocasiones hay que basar la reflexión sobre el enunciado. Se trata de desarrollar o expandir las palabras de la pregunta para definirla de manera precisa.

Pongamos el ejemplo de la última interrogación. La primera tentación y la más frecuente en la que caen los estudiantes es explicar todo lo que saben sobre narrativa de caballería, citando autores, títulos, épocas. Pero esto no es lo que se pide. La pregunta presupone estos conocimientos para comparar dos estilos. Primero hay que determinar qué son los *libros de caballería*, por un lado, y las *novelas de caballería,* por otro; hay que buscar ejemplos de cada grupo y extraer las características generales. Luego, contrastándolas una por una, hay que buscar las *semejanzas* y las *diferencias*. La respuesta apropiada a la pregunta es únicamente la lista sucinta de ambas.

• Diario personal

¡No te asustes! No es difícil ni laborioso. Sólo requiere diez minutos al día. Se puede hacer por la mañana, antes de desayunar, cuando se está fresco, o por la noche, antes de acostarse, como una pequeña reflexión cotidiana, cuando la noche te envuelve y se apagan los ruidos estridentes del día. Te sientas delante del papel o del cubo del ordenador y allí viertes todo lo que te haya pasado durante el día. *Nulla*

57

dies sine linea, escribió Plinio el Viejo *(Naturalis Historia)*, refiriéndose al pintor Apeles, quien cada día pintaba una línea como mínimo; la frase, convertida en cita clásica, se aplica hoy sobre todo a la escritura.

Escribe sobre temas variados: amigos, trabajo, estudios... Hay diarios íntimos sobre la vida privada, diarios de aprendizaje sobre la escuela, cuadernos de viaje, etc. La escritura periódica y personal permite aprender, reflexionar sobre los hechos y comprenderlos mejor. Da confianza y desarrolla enormemente la habilidad de escribir. Además, se convierte en un registro de ideas y palabras adonde siempre se puede acudir a buscar información para textos urgentes. Nunca te quedas en blanco o bloqueado porque siempre puedes·buscar lo que escribiste cierto día sobre la misma cuestión. Una alumna de redacción escribía lo siguiente, hablando de su diario:

> Tengo el vicio de escribir un diario. Por las noches, justo antes de apagar la luz, cojo la pequeña libreta y hojeo lo que escribí unos días, o incluso unos meses, atrás. Y entonces, ¡sorpresa! ¿Por qué apunté aquel pequeño detalle? ¿Qué debió de hacerme esta personita para merecer un sitio entre tantas intimidades? ¿Cómo estaba tal día para decir tantas sandeces?
>
> Es fantástico. Soy mucha gente unida en una fría cabeza. Me gusta y tengo que aprovecharlo. Son los dos puntos de vista: el de la víctima y el del juez. Por ello me parece muy útil cualquier intento de aprender cosas nuevas en torno a este vehículo para hacer confesiones que es el hecho de la escritura. [MG]

● **Mapas y redes**

Los mapas *(de ideas, mentales,* o denominados también *árboles* o *ideogramas*) son una forma visual de representar nuestro pensamiento. Consiste en dibujar en un papel las asociaciones mentales de las palabras e ideas que se nos ocurren en la mente. El resultado tiene una divertida apariencia de tela de araña, racimo de uva o red de pescar:

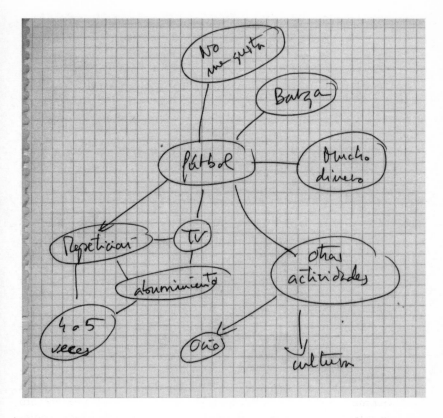

El procedimiento es bien sencillo. Escoge una palabra nuclear sobre el tema del que escribes y apúntala en el centro de la hoja, en un círculo. Apunta todas las palabras que asocies con ella, ponlas también en un círculo y únelas con una línea a la palabra con que se relacionan más estrechamente. La operación dura escasamente unos segundos o pocos minutos. El papel se convierte en la prolongación de tu mente y en un buen material para iniciar la redacción.

Los precursores de la técnica, Buzan (1974) y Lusser Rico (1983), sugieren que los mapas incrementan la creatividad. Es sabido que el cerebro humano consta de dos hemisferios: el izquierdo, que procesa la información de forma secuencial, lineal, lógica, analítica, etc.; y el derecho, que actúa de forma simultánea, global, visual, analógica, holística, etc. Mientras que las funciones básicas del

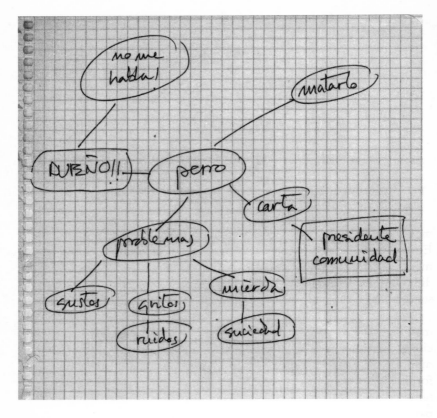

lenguaje están situadas sobre todo en el izquierdo, el derecho tiene las capacidades más creativas e imaginativas de la persona. Para los citados autores, la espontaneidad y el carácter visual de los mapas permiten utilizar el potencial escondido del hemisferio derecho para la escritura. Lusser Rico llega a calificar a los mapas como «la manera natural de escribir», el método más simple para conectar con la voz interior de la persona. [Me referiré de nuevo a los mapas más adelante, pág. 73.]

En el siguiente capítulo se exponen otras técnicas también útiles para superar bloqueos y poner en marcha la máquina de la escritura.

4. EL CRECIMIENTO DE LAS IDEAS

> *Para mí escribir es un viaje, una odisea, un descubri-*
> *miento, porque nunca estoy seguro de lo que voy a en-*
> *contrar.*
>
> GABRIEL FIELDING

Muchos y muchas estudiantes creen que escribir consiste simplemente en fijar en un papel el pensamiento huidizo o la palabra interior. Entienden la escritura sólo en una de sus funciones: la de guardar información. Cuando tienen que elaborar un texto, apuntan las ideas a medida que se les ocurren y ponen punto y final cuando se acaba la hoja o se seca la imaginación.

Al contrario, las escritoras y escritores con experiencia saben que la materia en bruto del pensamiento debe trabajarse como las piedras preciosas para conseguir su brillo. Conciben la escritura como un instrumento para desarrollar ideas. Escribir consiste en aclarar y ordenar información, hacer que sea más comprensible para la lectura, pero también para sí mismos. Las ideas son como plantas que hay que regar para que crezcan.

En este capítulo expondré algunos recursos para buscar y alimentar ideas. Fingiré que tengo que explicar a mi editor en un pequeño texto cómo quiero que se imprima esta *cocina*. Mostraré cómo elaboro las ideas desde cero hasta obtener un esquema completo, que se encuentra en el siguiente capítulo, y comentaré las técnicas que he utilizado.

EL TORBELLINO DE IDEAS

Lo primero que hago es concentrarme en el tema y apuntar en un papel todo lo que se me ocurre. Ya había tenido antes alguna idea, pero es la primera vez que me dedico exclusivamente a esta cuestión. Hago un *torbellino de ideas* inicial (*brainstorming* o tormenta cerebral). Me sale todo lo que encontrarás a continuación:

— tipografías distintas
— visual ⟵————————⟶ ¡que se recuerde!
— claro ⟵————⟶ cada página distinta!
— esquema
✗ textos dentro de textos
— formato grande
— letra manuscrita
— portada relacionada : cocina
— figuras / dibujos
   limpio, ordenado
— jugar con el espacio
✳ reproducir textos como fotos
— que se pueda escribir en él
— que tenga olor a nuevo !!!

El torbellino de ideas es una tormenta fuerte y breve de verano. Dura pocos segundos o minutos, durante los cuales el autor se dedica sólo a reunir información para el texto: se sumerge en la piscina de su memoria y de su conocimiento para buscar todo lo que le sea útil para la ocasión. En este caso, he encontrado una quincena de ideas, expresadas con palabras o sintagmas. Por ejemplo, la quinta idea *«textos dentro de textos»* significa que *«se reproducirán y citarán otros textos en el libro»*.

Para aprovechar todo el potencial de la técnica conviene evitar algunos de los errores más comunes: confundir esta lluvia con una redacción, preocuparse por la forma, valorar las ideas, etc. Hay que tener en cuenta los siguientes puntos:

CONSEJOS PARA EL TORBELLINO DE IDEAS

- Apúntalo todo, incluso lo que parezca obvio, absurdo o ridículo ¡No prescindas de nada! Cuantas más ideas tengas, más rico será el texto. Puede que más adelante puedas aprovechar una idea aparentemente pobre o loca.

- No valores las ideas ahora. Después podrás recortar lo que no te guste. Concentra toda tu energía en el proceso creativo de buscar ideas.

- Apunta palabras sueltas y frases para recordar la idea. No pierdas tiempo escribiendo oraciones completas y detalladas. Tienes que apuntar con rapidez para poder seguir el pensamiento. Ahora el papel es sólo la prolongación de tu mente.

- No te preocupes por la gramática, la caligrafía o la presentación. Nadie más que tú leerá este papel. Da lo mismo que se te escapen faltas, manchas o líneas torcidas.

- Juega con el espacio del papel. Traza flechas, círculos, líneas, dibujos. Marca gráficamente las ideas. Agrúpalas. Dibújalas.

- Cuando no se te ocurran más ideas, relee lo que has escrito o utiliza una de las siguientes técnicas para buscar más.

La práctica y el hábito ayudan a familiarizarse con la técnica y a rentabilizarla al máximo. En la escuela no se nos enseña a hacer borradores, esquemas o listas de ideas antes de elaborar un escrito, de manera que puede resultar difícil para algunos aprendices. No hace falta decir que también se puede utilizar el ordenador en lugar del lápiz y el papel.

EXPLORAR EL TEMA

Podemos reunir más ideas mediante otras técnicas de creatividad. Una de las más conocidas consiste en *estudiar* el tema sobre el que se escribe a partir de una lista teórica de aspectos a considerar. Es como si el autor fuera un explorador en tierra desconocida y utilizara una brújula para descubrir el terreno.

Por ejemplo, siguiendo la retórica clásica de Aristóteles, habría que *definir*, *comparar*, abordar *las causas y los efectos* y *argumentar* el tema en cuestión. (Es muy probable que esta lista de operaciones

63

te suene de la época escolar, porque muchos libros de texto explican los hechos siguiendo este patrón.) Pero también podemos encontrar otros modelos de exploración más prácticos, como la *estrella* y el *cubo*. La estrella deriva de la fórmula periodística de la noticia, según la cual para informar de un hecho tiene que especificarse el *quién*, el *qué*, el *cuándo*, el *dónde*, el *cómo* y el *porqué*. Estos seis puntos, las llamadas 6Q, son los esenciales de cualquier tema, aunque pueden ampliarse con otras interrogaciones:

LA ESTRELLA

Procedimiento:

1. Hazte preguntas sobre el tema a partir de la estrella. Busca preguntas que puedan darte respuestas relevantes.
2. Responde a las preguntas.
3. Evita las preguntas y las ideas repetidas. Busca nuevos puntos de vista.

El cubo es otra guía para explorar temas. Consiste en estudiar las seis caras posibles de un hecho a partir de los seis puntos de vista siguientes:

EL CUBO

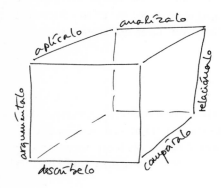

Procedimiento:

Descríbelo. ¿Cómo lo ves, sientes, hueles, tocas o saboreas?

Compáralo. ¿A qué se parece o de qué se diferencia?

Relaciónalo. ¿Con qué se relaciona?

Analízalo. ¿Cuántas partes tiene? ¿Cuáles? ¿Cómo funcionan?

Aplícalo. ¿Cómo se utiliza? ¿Para qué sirve?

Arguméntalo. ¿Qué se puede decir a favor y en contra?

He utilizado esta última técnica para ampliar mis ideas sobre el diseño de este libro:

— Describir: visual, práctico, que se encuentren fácilmente los datos, que se pueda leer por partes, atractivo

— Compararlo: como los manuales americanos, como los libros de texto, que no sea una paliza de libro de ensayo

— Relaciónalo: es para usar, no para leer. Es práctico. Distinto del teórico describir el escribir.

— Analízalo: ejercicios, marcados gráficamente documentos

— Aplícalo: El libro es (el ejemplo) de lo que se explica. Relación teoría-práctica
→ Epa acsos (capít. Imagen escrita)

— Arguméntalo: * libro elaborado gráficamente
* tendencias actuales
* animar a leer
∞ para adolescentes, adultos, estudiantes, trabajadores...

El resultado tiene forma de prosa, aunque también contiene muchas palabras sueltas y sintagmas. Comparándolo con el torbellino anterior, salen dieciséis ideas nuevas y se repiten algunas *(visual, práctico…)*; los datos están mejor explicados, han madurado; y hay una primera clasificación de ideas. He empezado a elaborar la información.

Tanto la estrella como el cubo son más guiados que el torbellino; y el cubo lo es más que la estrella. Quien tenga práctica en elaborar información sabrá utilizar todas las técnicas, pero quien se sienta más desorientado encontrará más cómodo el cubo. En la estrella hay que saber formular las preguntas relevantes, y en el cubo no.

DESENMASCARAR PALABRAS CLAVE

Las palabras clave son vocablos que esconden una importante carga informativa. Se denominan *clave* porque, además de ser relevantes, pueden aportar ideas nuevas, como una llave que abre puertas cerradas. Sin darnos cuenta, se nos escapan cuando buscamos ideas, cuando redactamos o incluso cuando revisamos una versión casi terminada. Hay que saber identificarlas y desenmascarar la información que esconden si queremos que la redacción sea completamente trasparente. Por ejemplo:

PALABRAS CLAVE

Original: Trabaja de relaciones públicas en una empresa de cosmética. Es un trabajo *estimulante* pero muy *agotador*.

estimulante
- Trata con VIPS.
- Viaja mucho.
- No tiene horario fijo.
- Gana mucho dinero.

agotador
- Es insustituible.
- Tiene poco tiempo libre.
- Trabaja muchos fines de semana.
- Trata con mucha gente y siempre tiene que estar alegre y sociable.

Ampliación: Trabaja de relaciones públicas en una empresa de cosmética. Es un trabajo estimulante, porque viaja mucho, no tiene horario fijo, tiene un buen sueldo y trata con muchos VIPS; pero termina agotadísima: tiene poco tiempo libre (trabaja los fines de semana), es insustituible y siempre tiene que hacer buena cara a todo el mundo.

Los adjetivos *estimulante* y *agotador* se entienden en el texto original, pero ningún lector podría deducir de ellos todo lo que se explica en la versión ampliada, con la información desenmascarada.

Se puede utilizar esta técnica en textos acabados, borradores o listas de ideas, siempre con la finalidad de expandir la escritura. El procedimiento que se ha de seguir es el siguiente: identificar las palabras, hacer una lista de todas las ideas que esconden (un torbellino de ideas selectivo) y reescribir o reestructurar el texto con la nueva información. He descubierto por lo menos dos palabras clave en mis ideas anteriores y he intentado desenmascarar su información:

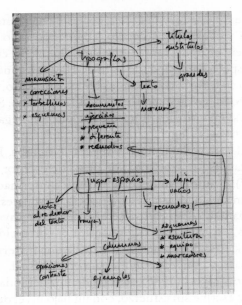

Me he concentrado en las palabras *tipografías distintas* y *jugar con el espacio*, que aparecían en la primera hoja, para especificar todos los detalles posibles. El resultado contiene una decena de ideas nuevas y tiene forma de esquema o *mapa mental*, que agrupa ideas alrededor de un núcleo.

La utilización encadenada de las tres técnicas me ha permitido desarrollar mi pensamiento tanto desde un punto de vista cuantitativo como cualitativo. La quincena inicial de ideas se ha convertido en una cuarentena larga, si se suman todas; también son más concretas y empiezan a tener una estructura.

OTROS RECURSOS

En la misma línea de recursos creativos, también podemos utilizar la escritura libre y las frases empezadas, ambas bastante más discursivas, o tomar notas. También pueden ser útiles las técnicas para accionar la escritura que he expuesto en el capítulo anterior.

67

- **Escritura libre**

También denominada *automática*, consiste en ponerse a escribir de manera rápida y constante, a chorro, apuntando todo lo que se nos pase por la cabeza en aquel momento sobre el tema del cual escribimos o sobre otros aspectos relacionados con él. Hay que concentrarse en el contenido y no en la forma, valorar la cantidad de texto, más que la calidad; y, sobre todo, no detenerse en ningún momento. Se recomienda empezar por sesiones de diez minutos, que pueden llegar hasta veinte o treinta con la experiencia (Elbow, 1973).

Es muy útil para generar ideas y superar bloqueos. El texto resultante tiene todas las características de prosa de escritor o egocéntrica (Cassany, 1987): el autor explora el tema, busca información en su memoria; aparecen su lenguaje y su experiencia personales, que no comparten necesariamente los futuros lectores del texto; hay frases inconexas, anacolutos, un bajo grado de cohesión y corrección gramatical, etc. Pero, pese a estas deficiencias, se trata de una materia prima excelente para desarrollar y *reescribir* una versión final.

Según Boice y Myers (1986), se trata de una actividad semihipnótica en la que se escribe sin esfuerzo, con un bajo nivel de conciencia y asumiendo poca responsabilidad sobre la escritura. Esto permite que aflore el *subconsciente* personal y que se produzca una especie de *inspiración*. Según los mismos autores, tiene una larga tradición histórica en distintos ámbitos: se ha utilizado en sesiones de espiritismo para conectar con el más allá; fue uno de los primeros tests proyectivos de la psicología; también la han utilizado varios poetas, entre los cuales destaca André Breton, que la popularizó con el movimiento surrealista.

¡Manos a la obra! Siéntate con un papel o un ordenador delante. Ponte cómodo. Relájate, déjate ir con la mente en blanco. Concéntrate en el tema que te ocupa. Empieza a apuntar todo lo que se te ocurra. ¡Adelante! No te preocupes por nada: ni la caligrafía, ni la ortografía, ni ninguna otra *grafía*. ¡Que no te quede nada en la cabeza! No te detengas durante cinco, diez o quince minutos.

- **Frases empezadas**

Otra técnica para recoger información es LMIE, en inglés WIRMI. Se trata de terminar cuatro o cinco frases que empiecen con *Lo Más Importante Es...*, *(What I really mind is...)*, apuntando ideas relevantes para el texto. Por ejemplo, me propongo escribir una carta de opinión para un periódico, sobre la excesiva presencia del fútbol en los medios de comunicación [pág. 54]. Termino cinco frases que empiecen por LMIE.

EJEMPLO DE LMIE

Lo más importante es ..*que los que piensen como yo me respalden.*

Lo más importante es.. *que tenga un tono irónico (la carta).*

Lo más importante es... *meter mucho ruido.*

Lo más importante es.. *insistir en la sumisión pasiva de los que nos aburrimos con el fútbol.*

Lo más importante es... *informar de datos concretos (número de partidos, horas, tiempo...).*

Las frases empezadas son bastante más concretas que el torbellino de ideas o la escritura automática, y por esto pueden ser más útiles a los aprendices que se sientan desorientados con las técnicas demasiado abiertas. Además, dirigen la atención del autor hacia el propósito y los puntos más importantes de la comunicación. Otros posibles comienzos son:

Tengo que evitar que...   Me gustaría...
Quiero conseguir que...   Soy de la opinión que...
No estoy de acuerdo con...   La razón más importante es...

• Tomar notas

Las notas son una versión más modesta del diario, y limitada a una tarea específica. A menudo se nos ocurren ideas que no podemos escribir: viajando en autobús, paseando, en una reunión. Si no las anotamos rápidamente corremos el riesgo de olvidarlas y, después, cuando podamos escribir, quizá volveremos a tener la máquina parada sin saber cómo empezar.

Se trata de anotar todo lo que se nos ocurre para poderlo aprovechar después. Podemos apuntarlo en una pequeña libreta, en la agenda, en una servilleta, en el periódico, en cualquier trozo de papel o incluso —¡viva la sofisticación!— grabarlo en un microcasete de periodista. Los temas suelen ser más específicos: un artículo que estamos escribiendo, un poema, una pregunta, un dato técnico, una frase poética que se nos ocurre, etc.

Confieso que he estado tomando notas durante todo el tiempo que he estado escribiendo esta *cocina*. Cada día por la noche me sentaba ante el ordenador e iba introduciendo en la máquina todas las ideas que se me habían ocurrido durante el día. A veces eran ideas completas, una metáfora, un ejercicio, pero también palabras sueltas que me gustaban y que quería que aparecieran en el libro. He actuado como un trapero que recoge cartones y cachivaches de aquí y de allá, reuniendo ideas y palabras.

5. CAJONES Y ARCHIVADORES

> *Llegamos al plan: la trama del texto: el orden de las instrucciones, el de los argumentos en un anuncio, el de los episodios en una novela. [...] Aquí las prácticas varían muchísimo. Guy des Cars establece un plan extremadamente detallado para cada novela, que llega hasta el párrafo. [...] En cambio, Cecil Saint-Laurent esboza un simple esquema que puede evolucionar durante la redacción.*
>
> FRANÇOIS RICHAUDEAU

El torrente de las ideas brota de forma natural de la mente, sin el orden ni la lógica que requiere la comunicación escrita. Tanto las listas como la prosa automática, los primeros borradores o las notas suelen ser anárquicos, desorganizados, sucios de fondo y forma. Hay repeticiones, mezclas, ideas inacabadas, palabras sueltas, lagunas, etc. La escritora y el escritor tienen que limpiar toda esta materia prima: hay que seleccionar las ideas pertinentes, ordenarlas, tapar huecos y elaborar una estructura para el texto. La tarea implica tomar decisiones relevantes sobre el enfoque que tendrá el escrito y, en definitiva, sobre su eficacia.

Podemos hacer este trabajo al principio, a partir de notas o ideas sueltas; más adelante, sobre el primer borrador; o al final, en una revisión global. Algunos autores pueden tener mayor facilidad para hacerlo, y algunos textos pueden ser más complejos que otros. Pero cualquier texto debe tener una organización coherente de las ideas, preparada para que la puedan comprender los lectores, que serán personas diversas y distintas del autor. En este capítulo reflexionaré sobre la estructura del texto, presentaré algunos recursos para ayudar a los aprendices a elaborarla, y también analizaré un ejemplo.

ORDENAR IDEAS

Podemos utilizar varias técnicas: desde las más modestas, como agrupar por temas los datos de una lista, poner números, flechas u ordenar las frases; hasta las más sofisticadas, como hacer algún tipo de esquema con llaves, diagramas, sangrados o líneas. Uno de los sistemas más completos de ordenar informaciones es la numeración decimal, que se utiliza sobre todo en los textos técnicos. Por ejemplo, ésta podría ser una manera de ordenar las ideas desarrolladas en el capítulo anterior:

ESQUEMA DECIMAL

1. Características editoriales del libro.

1.1. **Descripción**. Formato grande. Visual y atractivo: tiene que entrar por la vista. Limpio y pulido. Práctico: no un tostón; como los americanos.

1.2. **Recursos** propuestos.

1.2.1. Jugar con el espacio: columnas, franjas, huecos; poner notas alrededor del texto; hacer recuadros y esquemas.

1.2.2. Tipografías: normal, grande para los títulos, más pequeña para los documentos, manuscrita personal.

1.2.3. Otros: figuras, dibujos, ¿fotos?, reproducciones exactas.

1.3. **Argumentos**:

1.3.1. Tiene que ejemplificar la teoría.

1.3.2. Es la tendencia actual.

1.3.3. Debe animar a leer.

1.3.4. Tiene varios destinatarios: jóvenes, adultos, estudiantes y trabajadores.

1.3.5. Es un libro para *usar* más que para *leer*.

Hay un salto de gigante entre las hojas previas de ideas y este primer esquema. Para elaborarlo, he tenido que resolver varias cuestiones. En primer lugar, he valorado todo lo que había recogido y he seleccionado lo más apropiado. He prescindido de ideas como:

que se pueda escribir en él, que huela o como los libros de texto, que me han parecido irrelevantes. También he clasificado toda la información en tres apartados *(descripción, recursos y argumentos);* y, finalmente, lo he ordenado todo según un plan determinado de comunicación. En conjunto, he construido una primera arquitectura del texto.

Las razones para elegir este esquema son las siguientes. Mi propósito es explicar cómo tiene que ser este libro de forma llana y sucinta. Por esto, dedicaré la mayor parte del texto, dos apartados de tres, a describirlo y a especificar el tipo de recursos gráficos que podrían utilizarse. Dejaré para el final una justificación de la propuesta con cinco argumentos esenciales. Todas las informaciones se ordenarán de más a menos importantes y de más abstractas a más concretas, siguiendo un planteamiento lógico. Creo que ésta es la manera más apropiada de presentar los hechos desde el punto de vista del lector, y la que podría ser más eficaz.

La tarea de ordenar las ideas implica escoger un texto entre muchos posibles. Mientras selecciona las ideas, las agrupa y las ordena, el autor determina el enfoque que dará a su texto: si tiene que ser prolijo o breve, descriptivo o narrativo, cronológico, abstracto, con ejemplos o sin ellos, etc. Estas decisiones no pueden ser gratuitas o irreflexivas: determinan el éxito final que tendrá la comunicación. En la medida en que seamos capaces de construir una buena estructura, la mejor, el lector comprenderá con mayor claridad y rapidez nuestra intención.

¿Te imaginas otro esquema para el ejemplo? ¿El cubo de las seis caras, la estrella de las preguntas, en forma de carta, o incluso siguiendo el torbellino de ideas inicial? Hay muchos esquemas posibles, incluso los encontraríamos coherentes y claros, pero seguro que no todos serían igual de idóneos para las circunstancias de cada momento.

MAPAS CONCEPTUALES

También podemos aprovechar la técnica de los mapas para ordenar ideas y elaborar un esquema. El resultado es una figura que se parece bastante a los mapas del capítulo anterior, pero difiere de ellos por su función, utilidad y proceso de elaboración. Por esto

también le otorgamos el nombre específico de *mapa conceptual*
(Novak y Gowin, 1984). Éste sería un ejemplo equivalente de mi
esquema anterior:

MAPA CONCEPTUAL

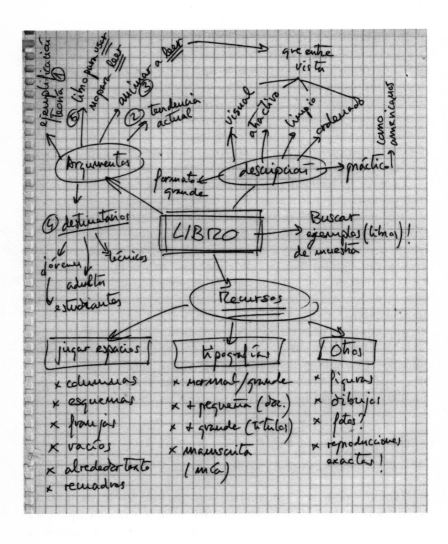

El rectángulo central determina el título o el tema del que nace el resto de los datos. Sólo se utilizan palabras clave o de significado pleno: sustantivos, adjetivos y verbos. Los conceptos se sitúan más cerca o más lejos del centro según su importancia y se relacionan jerárquicamente, de forma que se fija la posición de cada uno en el conjunto. Todo tipo de signos gráficos ayuda a destacar los elementos: flechas, números, círculos, etc.

Los mapas conceptuales ofrecen algunas ventajas con respecto a los esquemas tradicionales:

- Cada mapa es como un cuadro irrepetible, distinto de cualquier otro. Lo recordamos más fácilmente. Piensa en los esquemas decimales o en las páginas escritas: todas se parecen y es más difícil distinguirlas.

- No tienen final, si no es que se acaba el papel (y siempre podemos coger uno nuevo). Ahora mismo podría continuar el mapa anterior con nuevas ideas. ¡Espera! Me doy cuenta de que he olvidado una idea importante en el apartado de *descripción*: que el libro se tiene que *elaborar gráficamente*. Además, quiero marcar que la idea de *práctico* está relacionada con el *quinto argumento*. Voy a hacerlo ahora mismo:

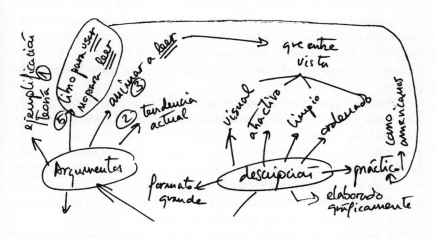

¿Cómo lo haría mediante el esquema decimal? Tendría que rehacerlo entero y aun así no podría marcar gráficamente la interrelación de *práctico/5.° argumento*.

75

- Tienen varias utilidades: ordenar ideas, hacer un esquema, resumir un texto que se lee, tomar apuntes, desarrollar un tema, etc.

- Son flexibles y se adaptan al estilo de cada uno. Si es posible, compara mapas de diversas personas; descubrirás que son distintos y que, curiosamente, cada uno congenia con el estilo y el carácter de su autor.

Pero no todo el mundo prefiere los mapas ni los encuentra tan fantásticos. Algunos aprendices de escritura y otros autores, sobre todo los que tienen hábitos más adquiridos, dicen que jamás podrían aclararse en una telaraña tan intrincada; prefieren los esquemas tradicionales. Algunos estudiantes prueban la técnica una vez y, si les gusta, repiten. A medida que la practican, la adaptan a sus necesidades y se la hacen suya.

ESTRUCTURA DEL TEXTO

La organización de las ideas tiene que quedar reflejada en el texto de alguna manera, si queremos que el lector siga la estructura que hemos dado al mensaje. Las divisiones y subdivisiones de nuestro esquema tienen que corresponderse con unidades equivalentes del texto. Cada división debe tener unidad de contenido, pero también tiene que marcarse gráficamente. Sólo de esta manera conseguiremos comunicar de forma coherente lo que nos hemos propuesto.

Muchos tipos de texto tienen una estructura estandarizada. Así, una carta tiene cabecera, introducción, cuerpo y conclusión; una instancia: la identificación, el *expongo* y el *solicito*; y un cuento: planteamiento, nudo y desenlace. Estas convenciones facilitan notablemente el trabajo del escritor, porque lo orientan en el momento de elaborar el contenido. Si tienes que escribir una carta formal, no hace falta quebrarse la cabeza buscando una estructura: puedes recorrer a un modelo o a un formulario estándar y ¡adelante!

¿Y si tienes que escribir un artículo, un informe, una redacción o un comentario, o cualquier otro texto que no tiene convenciones estrictas? ¿Cómo puedes estructurar el mensaje? En los manuales de redacción encontraríamos también todo tipo de modelos, más o menos genéricos, más o menos adaptables a todas las situaciones: tesis-antítesis-síntesis, tesis-argumentos, introducción-exposición-comentarios-opinión.

Pero, al margen de estas estructuras tipificadas, la escritura cuenta con su propia organización jerárquica [observa el cuadro siguiente], que permite articular cualquier mensaje por apartados. Es como un juego de muñecas rusas que se meten unas dentro de otras, las pequeñas dentro de las grandes.

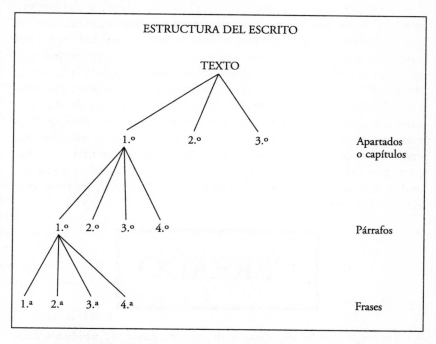

ESTRUCTURA DEL ESCRITO

Cada unidad del esquema tiene identidad de fondo y forma. El texto es el mensaje completo, que se marca con título inicial y punto final. Cada capítulo o apartado trata de un subtema del conjunto y se introduce con un subtítulo. Los párrafos tienen también unidad significativa y se separan en el texto. Las frases empiezan con mayúscula inicial y terminan con punto y seguido. [Consulta el esquema de la pág. 177.]

Por ejemplo, una argumentación en contra de la pena de muerte podría constar de varios apartados: derecho penal, datos estadísticos, legalidad en los estados modernos, historia, ética, etc. En este último apartado sobre ética, podría haber un párrafo o una frase, entre otras, que mencionara el derecho universal a la vida. En cambio, en otro texto sobre la declaración de los derechos humanos, esta misma idea ocuparía posiblemente una posición más relevante, en extensión y en jerarquía: un apartado entero, un capítulo o incluso más de la mitad del texto. La correlación entre las ideas y los datos del texto se establece a partir de esta jerarquía estructural.

Cualquier texto, ya sea más largo o más corto, y del ámbito que sea, tiene una forma jerárquica como la del esquema, con un grado variable de complejidad y, por lo tanto, con más o menos muñecas. Un pequeño cartel como el que sigue, que podría colgarse en la entrada de una tienda, es un texto completo que consta de un párrafo, formado por una sola frase de una palabra. En cambio, el libro titulado *La cocina de la escritura* consta de dieciséis capítulos además de complementos (prólogo, epílogo, bibliografía); cada capítulo puede tener de tres a seis apartados o subcapítulos; cada apartado, un número variable de párrafos (además de subapartados, gráficos, esquemas y documentos insertados); y cada párrafo, una media de cuatro o cinco frases. En total, cinco o más niveles de estructuración.

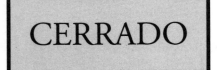

CERRADO

La organización del texto con este conjunto de unidades facilita enormemente la comunicación. Ayuda al autor a poner cada idea en su sitio, a evitar repeticiones o a buscar el orden lógico del discurso. Al lector, le permite obtener una visión de conjunto del texto, poder situarse en todo momento o leer selectivamente sólo lo que más le interesa. La investigación sobre lectura y memoria (Richaudeau, 1992) demuestra que los textos de orden lógico se leen y se recuerdan mejor que los de orden aleatorio. Simplemente: ¿Cómo sería la lectura de esta *cocina* si no hubiera capítulos, ni apartados, ni párrafos, o si todos estuvieran mal puestos o equivocados? ¡Imposible!

Cuanto más largo y complejo es un texto, más detallada debe ser su estructura para que el lector no se pierda. Pero los textos relativamente cortos también deben tener su organización, aunque sea más modesta. Y puesto que sólo intervienen párrafos y frases, es recomendable que sean muy claros.

Fijémonos en el siguiente artículo. A la derecha de la columna se describe la función de los párrafos en el conjunto del texto; a la izquierda, la organización interna de cada párrafo y la relación entre las frases. También he marcado en cursiva la tesis o frase temática [pág. 84] y con un recuadro, los marcadores textuales [pág. 154] de cada párrafo.

PARA UN LENGUAJE SOLIDARIO

Organización interna	Texto	Función de los párrafos
Contexto situacional	En estos últimos días, hablar de discriminación, racismo y xenofobia es, desgraciadamente, una obligación. Por todas partes se levantan voces indignadas ante el vergonzoso espectáculo que los países «civilizados» de Europa damos en estos momentos. Y es que las muestras de intolerancia e insolidaridad sublevan a cualquier persona mínimamente sensata. Sin embargo,	1ᵉʳ párrafo: 7 oraciones
Tesis más general	estos últimos acontecimientos no deberían sorprender demasiado. *Vivimos en un mundo desigual e injusto donde se potencian actitudes conformistas, androcéntricas (el mundo se ve siempre desde una perspectiva masculina) y etnocéntricas (hay unas razas superiores a las demás).* Y esto es así, aunque no nos guste tener que reconocerlo. Un ejemplo:	INTRODUCCIÓN GENERAL: desigualdad insolidaridad } actuales
Concreción: el ejemplo del lenguaje	si observamos nuestro lenguaje nos daremos cuenta de que, de manera inconsciente, pero no por ello más tolerable, despreciamos todo lo que consideramos «diferente» y/o «inferior».	

79

Frase temática | *Se ha dicho que el lenguaje es un reflejo del sistema de pensamiento colectivo, de cómo piensa, siente y actúa una sociedad.* Así, el lenguaje nunca es imparcial; con él siempre trasmitimos, aunque inconscientemente, una determinada ideología. Una ideología que muchos, la mayoría, rechazamos en teoría pero que en la pequeña práctica cotidiana fomentamos.

2.º párrafo:
4 oraciones

TESIS:
El lenguaje como reflejo

desarrollo

Frase temática

subtesis→

Ejemplo

Observemos, por ejemplo, que cuando se tiene que utilizar una *fórmula para referirse a individuos de ambos sexos* la balanza siempre se inclina hacia la variante masculina: hablamos de «profesores», «directores» para aludir a profesores y profesoras, directores y directoras. Curiosamente, podemos notar que cuando se diferencian los géneros de ciertas palabras es para otorgar connotaciones bien distintas: no es lo mismo hablar de una «mujer pública» que de un «hombre público». Y podríamos comentar muchos más casos como éste.

3er. párrafo:
4 oraciones

EJEMPLO:
fórmulas masculinas y femeninas

Ejemplo

frase temática

ejemplo

Por otra parte, *la mayoría de libros de texto que encontramos en el mercado envían mensajes sexistas escondidos detrás de redacciones normales o ilustraciones gráficas:* nunca encontraremos padres haciendo los trabajos de casa ni madres ejecutivas.

4.º párrafo:
2 oraciones
EJEMPLO:
libros de texto

frase temática

Si analizamos *frases hechas de uso muy frecuente, notaremos que constantemente citan a razas diferentes a la nuestra y siempre de manera peyorativa.* Las referencias a «negros» y «negras», «gitanos» y «gitanas», «moros» y «moras» van íntimamente relacionadas con la explotación, la suciedad, la delincuencia y otras «cualidades» negativas como si fueran las que mejor definieran a estos grupos: siempre trabaja-

5.º párrafo:
9 frases

80

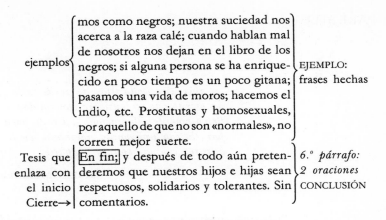

ejemplos { mos como negros; nuestra suciedad nos acerca a la raza calé; cuando hablan mal de nosotros nos dejan en el libro de los negros; si alguna persona se ha enriquecido en poco tiempo es un poco gitana; pasamos una vida de moros; hacemos el indio, etc. Prostitutas y homosexuales, por aquello de que no son «normales», no corren mejor suerte. } EJEMPLO: frases hechas

Tesis que enlaza con el inicio Cierre→ | En fin; y después de todo aún pretenderemos que nuestros hijos e hijas sean respetuosos, solidarios y tolerantes. Sin comentarios. } 6.º *párrafo:* *2 oraciones* CONCLUSIÓN

Ecolingüistes Associats
[Menorca, 28-11-92]

Observemos que cada párrafo trata un tema o aspecto independiente y que entre todos construyen un significado global único. En el interior, las frases se ordenan de más generales a más concretas; los ejemplos siempre van al final. Además, los marcadores textuales suelen ocupar siempre la posición relevante de inicio de la frase, que es la que permite distinguirlos con facilidad.

Para terminar, un esquema del contenido del texto en forma de llaves podría ser el siguiente, hecho a partir de títulos posibles de cada párrafo:

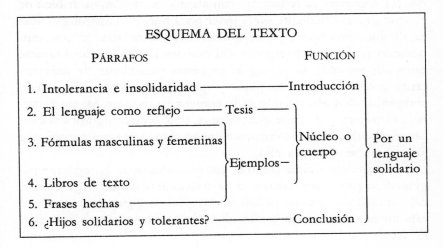

ESQUEMA DEL TEXTO

PÁRRAFOS   FUNCIÓN

1. Intolerancia e insolidaridad ——————Introducción

2. El lenguaje como reflejo —— Tesis ——

3. Fórmulas masculinas y femeninas   Núcleo o cuerpo

4. Libros de texto   Ejemplos—

5. Frases hechas ————————

6. ¿Hijos solidarios y tolerantes? ——————— Conclusión

Por un lenguaje solidario

6. PÁRRAFOS

> **párrafo.** *Cada trozo de un discurso o de un escrito que se considera con unidad y suficientemente diferenciado del resto para separarlo con una pausa notable o, en la escritura, con un «punto y aparte».*
>
> MARÍA MOLINER

> *El párrafo es como una mano que coge objetos variados: un puñado de arena, un chorro de agua, un mango, un montón de hojas o tres pelotas de tenis. Adopta formas distintas según los casos, pero siempre tiene un pulgar grande y enérgico que aprieta el objeto contra los otros dedos. De la misma manera, el párrafo necesita un dedo, una idea clave que dirija el resto de las frases y les dé unidad y sentido.*
>
> LOUIS TIMBAL-DUCLAUX

Ni siquiera la puntuación es tan importante en el texto y al mismo tiempo tan desconocida, como lo es el párrafo. No es sólo que los manuales de redacción, con alguna excepción, no hablen de él, sino que el estudiante suele tener poca noción o ninguna de qué es, de qué se compone y para qué sirve: suele redactar al azar, empezando y cerrando parágrafos sin pensárselo demasiado. Durante estos últimos años, he corregido bastantes redacciones de universitarios que no hacían ni un punto y aparte en dos hojas; y he podido comprobar después, cuando se lo comentaba, que no habían asimilado el concepto de parte del discurso, o de unidad significativa supraoracional, aunque obviamente conocieran la palabra *párrafo* que justamente se refiere a ello.

Un juego tan simple como el que encontrarás en la siguiente página sirve para darse cuenta de la trascendencia que llega a tener esta unidad en el texto. ¿Cuál de las páginas siguientes crees que está mejor escrita, mejor ordenada? ¿Cuál crees que sería más fácil de leer?

La respuesta más habitual suele ser la B, que es la que presenta un número de párrafos más adecuado con respecto a la página, y con un tamaño parecido. La página A causa pereza de leer incluso antes de ver la letra: estos parágrafos tan largos dan la sensación de un texto comprimido. Pero la situación contraria, la página C, no es mucho mejor: tantos párrafos y tan cortos parecen una lista desligada de ideas donde no pueda haber argumentos elaborados. Y seguramente la página D es la que provoca mayor desconfianza por la variación desmesurada del tamaño de los párrafos, que insinúa una posible anarquía estructural.

Si la impresión visual ya genera sensaciones controvertidas, pensemos ¡qué puede pasar al empezar a leer! El párrafo sirve para estructurar el contenido del texto y para mostrar formalmente esta organización. Utilizado con acierto facilita el trabajo de comprensión; pero empleado de manera incorrecta o gratuita, puede llegar incluso a entorpecer la lectura. En este capítulo intentaré explicar los secretos más importantes de esta unidad básica de la redacción.

La teoría

Definición

Se suele definir el párrafo como un conjunto de frases relacionadas que desarrollan un único tema. Es una unidad intermedia, superior a la oración e inferior al apartado o al texto, con valor gráfico y significativo. Tiene identidad gráfica porque se distingue visualmente en la página, como hemos visto en el juego anterior: empieza con mayúscula, a la izquierda, en una línea nueva, y termina con punto y aparte; también se simboliza con los signos § o // [pág. 223; § 3]. Tiene unidad significativa porque trata exclusivamente un tema, subtema o algún aspecto particular en relación con el resto del texto.

Función externa

En los textos breves de dos páginas o menos, el párrafo es trascendental, porque no hay otra unidad jerárquica (capítulo, apartado, punto) que clasifique la información y, de este modo, pasa a ser el único responsable de la estructura global del texto. Se encarga de marcar los diversos puntos de que consta un tema, de distinguir las opiniones a favor y en contra, o de señalar un cambio de perspectiva en el discurso. De esta manera, el párrafo llega a asumir funciones específicas dentro del texto: se puede hablar de párrafos de *introducción*, de *conclusión final*, de *recapitulación*, de *ejemplos* o de *resumen*.

Estructura interna

Ya en el interior del párrafo, se suelen distinguir varios constituyentes: la entrada inicial, la conclusión, el desarrollo, los marcadores textuales, etc. El elemento más importante es la primera frase,

84

que ocupa la posición más relevante: es lo primero que se lee y, por lo tanto, debe introducir el tema o la idea central (aquí la he marcado en cursiva). **Asimismo**, la última frase puede cerrar la unidad con algún comentario global o una recapitulación (va subrayada) que recupere algún dato relevante. **En medio** suele haber varias frases que desarrollan el tema y que a veces pueden estructurarse mediante marcadores textuales (en negrita) [pág. 154]. **Pero** raramente los párrafos contienen todos estos elementos a la vez y de manera tan evidente (como en este caso, que se trata de un ejemplo premeditado). Lo más normal es que tengan uno u otro y más o menos escondidos.

Tipología

Además, el contenido también determina la organización del párrafo. Los teóricos (Repilado, 1977; Flower, 1989; Serafini, 1992) distinguen diversas estructuras según el tipo de datos expuestos. Así, una argumentación requiere necesariamente tesis, argumentos y tal vez también ejemplos; una narración ordena cronológicamente las frases; una pregunta retórica precede a la respuesta razonada; un contraste de datos (a favor/en contra, ventajas/inconvenientes, positivo/negativo) se articula con marcadores del tipo *por una parte/ por otra parte, pero, en cambio...* Y un párrafo de lista de casos posibles, como por ejemplo éste, contiene una introducción general y la enumeración correlativa de unidades.

Extensión

Con respecto a la extensión que debe tener el párrafo, no hay directrices absolutas. Varía notablemente según el tipo de texto, el tamaño del soporte (papel, línea, letra) o la época histórica. Una noticia suele tener párrafos más cortos que un informe técnico y todavía más que un tratado de filosofía. Los manuales de estilo periodístico *(El País, La Vanguardia, La Voz de Galicia, France-Presse)* recomiendan brevedad y ponen varios topes: un máximo de 4 o 5 frases, de 100 palabras o de 20 líneas. Además, un mismo párrafo escrito con varios tamaños de letra o interlineados cambia notablemente de volumen y puede resultar largo o corto. Colby (1971) expone que los párrafos escritos durante el siglo pasado son mucho más largos, en general, que los actuales, para los cuales recomienda un tamaño medio de unas 100-150 palabras.

Recomendación

En general, el aspecto visual parece imponerse a las necesidades internas de extensión. Lo que importa ante todo es que página y párrafos ofrezcan una buena imagen e inviten a la lectura, como hemos visto en el juego inicial. Por lo tanto, la recomendación más sensata es que cada página tenga entre tres y ocho párrafos, y que cada uno contenga entre tres y cuatro frases, aceptando siempre todas las excepciones justificadas que haga falta. Resulta difícil y peligroso reducir una recomendación a cifras absolutas.

Faltas principales

He aquí cinco de las faltas más corrientes del párrafo. Les he puesto un nombre —bastante personal— y las explico:

• *Desequilibrios.* Mezcla anárquica de párrafos largos y cortos sin razón aparente (ejemplo D en el juego anterior). No existe un orden estructurado: el autor los ha marcado al azar.

• *Repeticiones y desórdenes.* Se rompe la unidad significativa por causas diversas: ideas que debieran ir juntas aparecen en párrafos distintos, se repite una misma idea en dos o más párrafos, dos unidades vecinas tratan el mismo tema sin que haya ninguna razón que impida que constituyan un único párrafo, etc.

• *Párrafos-frase.* El texto no tiene puntos y seguido; cada párrafo consta de una sola frase, más o menos larga. El significado se descompone en una lista inconexa de ideas. El lector debe hacer el trabajo de relacionarlas y construir unidades superiores (ejemplo C en el juego).

• *Párrafos-lata.* Párrafos excesivamente largos que ocupan casi una página entera (ejemplo A del juego). Adquieren la apariencia de bloque espeso de prosa y suelen contener en su interior diversas subunidades. El lector debe abrir la «lata» del párrafo para poder identificar y separar todas sus partes.

• *Párrafos escondidos.* El texto está bien ordenado a nivel profundo, pero resulta poco evidente para el lector, que tiene que leer muy atentamente para descubrir su estructura. La prosa no tiene marcadores ni «muestra» visualmente su organización. El texto ganaría en claridad si hiciera más evidente el orden o, por ejemplo, si lo explicara al principio.

Truco

¡Ah! Y un truco final para controlar los párrafos de un texto, tanto los que escribimos como los que leemos. Se trata de ponerles título, resumir el tema que tratan o la información que contienen en dos o tres palabras —tal como he hecho en este apartado—. Si los títulos resultantes no se solapan y guardan una buena relación de vecindad entre ellos; es decir, si no hay vacíos en el desarrollo temático, ni repeticiones, ni desórdenes, significa que los párrafos tienen unidad significativa y que están bien construidos. Además, el truquillo sirve para identificar con más facilidad el tema de cada unidad y ayuda a leer, ¿no te parece?

EJEMPLOS COMENTADOS

Empecemos con algunas muestras de laboratorio, producidas en un curso de redacción, en la lección dedicada a párrafos:

| | ESTRUCTURA |
| ANUNCIOS TELEVISIVOS | DE TESIS Y ARGUMENTOS |

Hace algún tiempo vi un anuncio delicioso en la televisión: un perro era abandonado en la carretera y sus ojos imploraban que no } Frases iniciales: introducción del tema lo abandonaran. Era un pequeño poema tierno y triste, algo cruel, quizás. Me gustan mucho más los anuncios que muchas películas malas o banales que, lejos de divertir o educar, solamente nos vuelven estúpidos. | **Tesis central**

Los anuncios son ideales por tres motivos. El primero: son cortos y concisos. El segundo: en ellos aparecen frecuentemente juegos de palabras. Y en tercer lugar, aunque no menos importante: nos llegan de una forma fulminante, | **Argumentos numerados**

como un pequeño rayo de inspiración. Así, descartando los mensajes subliminales y las bobadas del tipo «sea libre con este coche deportivo», un pequeño poema vale más que ciento veinte minutos de aburrimiento. [MG] | **Conclusión final. Cierre**

¿CULEBRONES ALIENANTES?

Algunos defensores de los llamados «culebrones» reivindican estos productos para que las amas de casa se liberen, durante un rato, de sus preocupaciones caseras. | **Introducción del tema / Información complementaria**

Sin embargo, la cuestión no es tan sencilla. ¿Merece la pena no pensar en croquetas y coladas para tragarse las desgracias de un hombre rico, elegante e infeliz? La señora Engracia | **Pregunta tesis**

no mejorará su calidad de vida viendo semejantes epopeyas, tampoco será más rica, ni más interesante... | **Respuestas**

Por lo tanto, hace falta replantearse la cuestión de esta manera: ¿los «culebrones» son alienantes o más bien embaucadores? [MG] | **Conclusión: pregunta retórica**

Los dos párrafos mantienen el esqueleto retórico que propone la teoría: frase inicial de introducción, frase final de conclusión y marcadores textuales para apoyar el desarrollo del contenido. También son remarcables los recursos utilizados: combinación entre formulación teórica y explicación llana, ejemplos concretos y preguntas retóricas.

Otra muestra, tan inteligente o más, puede ser el siguiente artículo de Maruja Torres (*El País,* 16-3-94), en el que la estructura de los párrafos vehicula admirablemente el mensaje del texto:

Angustia

Maruja Torres

1 [1] La adolescencia es una edad angustiosa, algo así como hallarse permanentemente a las cuatro de la madrugada, cuando el desastre parece definitivo, y los errores irresolubles, exasperantes. [2] Cualquiera que guarde memoria del abrumador sentido de la responsabilidad que en semejante momento de la vida se desploma sobre uno, como una carga personal e insoslayable, tiene, por fuerza, que haberse sentido acongojado por los resultados de la encuesta de la Confederación Española de Asociaciones de Padres de Alumnos.

2 [3] Un 45 % de alumnos, de edades comprendidas entre los 13 y 16 años, consideran que están fracasando total o parcialmente en los estudios. [4] Creen haber fracasado cuando aún están empezando a palparse el ego, como esos arbolillos urbanos que, justo cuando arrancan a verdecer, parece que miran alrededor y, asfixiados por la perspectiva de desarrollarse en un entorno adverso, se agostan y renuncian a dar la batalla de sus brotes tiernos.

3 [5] El propio sentido de la autocrítica —que al crecer se va abandonando: sin autocomplacencia, resultaría bastante depresivo ser adulto— y el endemoniado sistema de enseñanza masificada y exámenes globales arrasan la propia estima de chicas y chicos que, además, se ven condicionados por el culto que esta sociedad rinde al triunfo. [6] Asimismo, las más livianas condiciones en que su existencia se desenvuelve —hablando en términos generales—, en comparación con la dureza que marcó —también en general— a las generaciones precedentes, son brutalmente cuestionadas por la pavorosa ausencia de futuro. [7] Pues se les exige cumplir con creces, en nombre de las facilidades iniciales que reciben, pero saben que nadie les esperará a la salida de la universidad para mostrarles el camino hacia su lugar en el mundo.

4 [8] Ellos son el resultado de nuestras más profundas malas notas.

He numerado los párrafos y marcado con superíndices los puntos y seguido. He aquí un somero análisis del equilibrio entre párrafo, oraciones, signos de puntuación y extensión:

PÁRRAFO	EXTENSIÓN (líneas)	ORACIONES (puntos y seg.)	COMAS	GUIONES
1.º	15	2	9	0
2.º	13	2	7	0
3.º	23	3	8	4
4.º	2	1	0	0

Los párrafos mantienen ciertas constantes de extensión, número de oraciones y estilo, excepto al final, donde una única frase corta y directa, constituida en párrafo —lo que le da mayor fuerza—, rompe el tono del artículo y lo cierra. El valor más reflexivo o subjetivo del tercer párrafo (donde la autora opina sobre la encuesta) puede quedar reflejado en su extensión superior y en el uso de los guiones.

Respecto al contenido, los dos primeros párrafos constituyen una introducción o primera parte, en la que se citan los datos objetivos en que se basa el artículo: la encuesta realizada (punto n.º 2) y el 45 % de presuntos fracasos (n.º 3). Dos comparaciones poéticas enmarcan estas informaciones al inicio (n.º 1: *hallarse permanentemente...*) y al final (n.º 4: *como esos arbolillos...*). En cambio, el tercer párrafo desarrolla el comentario o la opinión de la autora a partir de una repetida contraposición entre *chicos y chicas* y *adultos*: la personalidad de unos y otros (n.º 5); lo que tienen hoy los primeros y lo que tuvimos los segundos (n.º 6), así como lo que esperamos de ellos en el mañana y lo que realmente tendrán (n.º 7). La metáfora final de las *malas notas* (n.º 8), con sus connotaciones escolares, relaciona chicos y chicas con adultos y sintetiza este juego de oposiciones. Por este motivo la autora mantiene la expresión «malas notas» *(nuestras más profundas malas notas)* en vez de la forma lógica: *nuestras profundas peores* (más + malas) *notas*.

Y termino con tres fragmentos para reparar. También son reales y más imperfectos, extraídos de periódicos y libros de consulta escolares. A ver si sabes encontrar los errores y puedes mejorarlos, antes de leer los comentarios y las soluciones del final:

ORIGINALES

EL BAIX PENEDÈS

Tradicionalmente, la comarca del Baix Penedès se dedicaba a la agricultura. Al ser durante siglos tierra de paso, los cultivos no abarcaban más que un reducido porcentaje de la superficie cultivable. Así, encontramos en el cartulario de Sant Cugat que, hasta bien entrado el siglo XII, la mayor parte de la comarca estaba constituida por bosques, matorrales, yermos, marismas y cañaverales cerca del mar. [CRP]

HOOVER Y SU AMIGO
(pie de foto)

En esta fotografía tomada en 1936 aparecen J. Edgar Hoover y su amigo durante mucho tiempo, Clyde Tolson (derecha). Hoover, según se afirma en un libro y en un programa de televisión, dados a conocer ahora, veinte años después de su muerte, era travestido y homosexual. Hoover, el tantos años temido y admirado jefe del FBI, fue chantajeado, según el libro y el programa de TV, por jefes de la mafia, a los que protegió porque tenían fotografías en las que él aparecía en desahogos sexuales con Tolson. [*El Comercio*, 9-2-93]

El párrafo de la izquierda presenta una contradicción aparente, aunque no real, entre la primera frase y el resto. Una comarca puede dedicarse básicamente a la agricultura, cultivando sólo una minúscula parte de la superficie total del terreno. Lo que confunde al lector es la conexión entre las dos primeras frases. También es preferible evitar los comienzos de párrafo con un adverbio en -*mente*, si no se trata de un marcador textual [pág. 154].

En el párrafo de la derecha, el orden de los datos no es el más correcto, según los conocimientos previos del lector y el interés de la noticia. Además, se repiten algunas palabras innecesarias (*tomada* en, *según el libro y el programa de TV, los jefes de)* y se puede mejorar un poco la redacción. Enmendando estos puntos, ésta podría ser una buena revisión de los dos fragmentos:

MEJORADOS

EL BAIX PENEDÈS

La comarca del Baix Penedès se dedicaba *tradicionalmente* a la agricultura, aunque, al ser tierra de paso *durante siglos*, los cultivos no abarcaban más que un reducido porcentaje de la superficie cultivable. Así, encontramos en el cartulario de Sant Cugat que, hasta bien entrado el siglo XII, la mayor parte de la comarca estaba constituida por bosques, matorrales, yermos, marismas y cañaverales *marítimos*.

HOOVER Y SU AMIGO

El tantos años temido y admirado jefe del FBI, J. Edgar Hoover, aparece en esta fotografía de 1936 *con el que fue* su amigo durante mucho tiempo, Clyde Tolson (derecha). Según afirman un libro y un programa de televisión dados a conocer ahora, veinte años después de su muerte, *Hoover* era travestido y homosexual. La mafia *lo chantajeó con* unas fotografías en las que aparecía en desahogos sexuales con Tolson, a cambio de protección.

Veamos por último un claro ejemplo de mala distribución de la información en una noticia completa. A la izquierda está el original y a la derecha una posible solución:

SORPRENDIDOS «IN FRAGANTI»

Dos delincuentes habituales, *uno de ellos, G.A.G., de 25 años, con 21 antecedentes por delitos contra la propiedad y la salud pública*, fueron detenidos en la madrugada del sábado por la Policía Local de Torrelavega como presuntos autores de un robo cometido en el bar Las Palmeras.

En compañía de A.J.M.P., de 28

Dos delincuentes habituales fueron detenidos en la madrugada del sábado por la Policía Local de Torrelavega, como presuntos autores de un robo cometido en el bar Las Palmeras. Se trata de *G.A.G., de 25 años, con 21 antecedentes por delitos contra la propiedad y la salud pública*, y de *A.J.M.P., de 28 años, ambos vecinos de Torrelavega.*

Los dos jóvenes fueron vistos por la

92

años, también vecino de Torrelavega, el anteriormente citado fue visto por la Policía cuando abandonaba el citado establecimiento a las 4.30 horas de la madrugada. Después de una persecución, *consiguieron* detenerlos en la zona de Mies de Vega. Se les ocupó una bolsa de plástico con 11.000 pesetas en monedas procedentes del tragaperras. [*El Diario,* 12-5-94]

Policía cuando abandonaban el citado establecimiento a las 4.30 horas de la madrugada. Después de una persecución, *fueron detenidos* en la zona de Mies de Vega. Se les ocupó una bolsa de plástico con 11.000 pesetas en monedas procedentes del tragaperras.

La cita de los datos personales de los sospechosos en párrafos distintos (en cursiva en el texto) provoca importantes problemas de anáfora, además de la extrañeza lógica de encontrarlos separados. En el segundo párrafo, el *también vecino de Torrelavega* no tiene referente: ¿quién es el primer vecino? ¡No puede ser la Policía Local! Debemos sobreentender que se refiere al primer sospechoso, aunque no se mencione. Más adelante, sólo G.A.G., *el anteriormente citado,* fue visto por la policía, aunque le acompañara A.J.M.P.; y el sujeto plural elíptico de *consiguieron* no coordina en número con el referente singular lógico de *la Policía.* Finalmente, los pronombres de *detenerlos* y *les ocupó* carecen de referente gramatical inmediato (deberíamos remontarnos a *dos delincuentes habituales*), si bien los desciframos sin dificultad porque el sujeto de la acción son los dos jóvenes y lo recordamos en todo momento.

La versión de la derecha reestructura las informaciones y supera los defectos gramaticales comentados. Además, consigue dos párrafos más compactos, con dos y tres oraciones de extensión moderada, respectivamente.

7. LA ARQUITECTURA DE LA FRASE

> *Constituyen una oración los enunciados que organizan todos sus constituyentes en relación con un verbo conjugado en forma personal.*
>
> JUAN ALCINA FRANCH y JOSÉ MANUEL BLECUA

Llegamos al fondo de la cuestión, a la esencia de la escritura: la prosa, la frase. Se ha investigado más que cualquier otro aspecto, también es lo que más se enseña en la escuela. Pero ¡hay que ver los quebraderos de cabeza que aún nos procura! En el capítulo más largo de esta *cocina,* paso revista al perfil ideal que debería tener una oración. Buscamos la frase atractiva, eficaz, clara... (¿¡la que quizás sólo se encuentra en las gramáticas teóricas!?). ¡Esperemos que no!

De todas las reglas que presentan los manuales de redacción, he seleccionado las más valiosas y he preparado un sofrito personal. El plato se sirve con ejemplos didácticos: a la izquierda está la frase mejorable y a la derecha la mejorada. Quien quiera entrenarse puede tapar con un papel la columna de la derecha e intentar mejorar la frase por su cuenta. Al final del capítulo también hay ejercicios a la carta con las soluciones correspondientes.

EL TAMAÑO

Todos los manuales de redacción aconsejan brevedad: el libro de estilo de *El País* recomienda una media máxima de 20 palabras por frase; el de *La Vanguardia* también cita un máximo de 20, pero descontando artículos y otras partículas gramaticales; France-Presse pone el límite de legibilidad en los 30 vocablos o en las tres líneas; el resto (*ABC,* Reuter, Efe, TVE, Canal Sur, *Avui,* «la Caixa»...) coincide en preferir la oración corta con pocas complicaciones (o con un máximo de dos subordinadas: *Reuter*). Incluso el MAP (Ministerio para las Administraciones Públicas) califica de «longitud desmesurada» la extensión de 20-30 palabras que dice que suele tener «el párrafo administrativo» [sic].

También podemos citar precedentes más remotos. En su *Tratado de las cualidades esenciales de la elocución (estilo),* de 1896, Bartolomé Galí Claret recomienda evitar «las cláusulas largas, las cuales con su excesivo número de conjunciones y pronombres relativos, hacen el estilo confuso, lánguido y pesado». Y añade este delicioso ejemplo (con estas cursivas):

EJERCICIO DEL ALUMNO

He leído tu última carta con muchísima alegría *porque* veo *que* el cariño que me tienes es muy grande, tan grande como el *que* yo te tengo; *por más que* me haya causado alguna tristeza el *que* me digas en tu carta *que* no te querré mucho *porque* no te escribo más a menudo, lo *que* no es cierto, *puesto que* te amo muchísimo; pero tú ya sabes *que* me cuesta mucho hacer una carta *por más que* sea muy sencilla, y *que* uno tiene siempre pereza de hacer lo *que* no sabe o le cuesta mucho hacer.

CORRECCIÓN DEL MAESTRO

He leído tu última con muchísima alegría pues veo cuán grande es el cariño que mutuamente nos profesamos.

Sin embargo aquellas palabras de tu carta, «no me querrás mucho cuando me escribes con tan poca frecuencia», no han dejado de causarme cierta pena, pues bien sabes cuánto te quiero.

Ya te escribiría más a menudo, primo mío, pero me es muy difícil componer la más sencilla carta, y por otra parte uno tiene siempre pereza de hacer lo que no sabe o le cuesta mucho hacer.

El ejemplo confunde la unidad de la frase (punto y seguido) con la del párrafo (punto y aparte), pero el contraste entre los dos textos muestra con claridad las dificultades que presenta la oración extensa —¡y el tema y el tono del texto no tienen desperdicio!—. Veamos ahora algunos ejemplos actuales:

Las imágenes televisadas de las recientes corridas de toros celebradas en La Coruña y Pontevedra, esta plaza del barrio de San Roque, atestada hasta la bandera de un público quizás algo condescendiente pero entusiasta (que es lo que importa ahora), nos llenan de satisfacción a los «taurinos» y amantes, por otra parte, de esas tierras gallegas en las que viví y trabajé. [Carta al director: *ABC*, 25-8-94] = **62 palabras**

95

Queda muy claro, o a mí me lo parece, que la pretensión que los hoteleros jiennenses aspiran a consensuar (otro concepto que se las trae) con sus colegas costasoleños, un tanto en plan Juan Palomo, no es otra cosa que la de conseguir un cierto viso de legalidad (un *look* de caballeros sin tacha) a la coz que desean propinar en el mismo epigastrio de la economía de mercado, como al navajazo con que, sin menor duda, quedaría desfigurado el rostro de la competitividad. [Columna de opinión: *Sur*, 17-9-94] = **84 palabras**

Cuarto. — La objetiva contemplación de las distintas actuaciones obrantes tanto en el expediente administrativo como en los autos determina nuestra convicción de que efectivamente se ha producido un resultado dañoso —lesión de la reclamante consistente en fractura-luxación de Monteggia codo izquierdo—, pero en modo alguno existe constancia indubitada, pues ni se ha demostrado ni podemos estimar como tal la mera declaración de la reclamante ni la de su esposo, de que tal lesión se produjo como consecuencia de una caída determinada por el estado que ofrecía la acera de la calle Francisco Manuel de los Herreros de la ciudad de Palma de Mallorca, a causa de las obras municipales realizadas por el contratista adjudicatario, y siendo ello así, no habiendo acreditamiento, ni tan siquiera indiciario, ya que la Sala de primera instancia parece basarse, al margen de reputar que en el caso de autos se produce la inversión de la carga probatoria, en simples presunciones que después analizaremos, del nexo causal que ha de vincular necesariamente la lesión al funcionamiento normal o anormal de los servicios públicos, es por lo que ya en principio no cabe compartir el criterio que, en relación con el tema que consideramos, expresa la Sala de primera instancia en la sentencia impugnada, pues insistimos, la parte reclamante no ha demostrado, a pesar de que le incumbía, que el accidente sufrido se debió al mal estado de la acera y a la deficiente iluminación de la referida calle... por el hecho de que se realizaran obras de reforma del alumbrado público en dicha zona», y adviértase que el informe del Sr. Subinspector de la Policía Municipal de 26 de enero de 1988, sólo refiere que la reclamante «fue trasladada el día 4 de noviembre de 1987 a la Residencia Sanitaria de la Seguridad Social porque había sufrido una caída, según propia manifestación», sin concretar la causa que había determinado aquélla, añadiendo a seguido que el esposo de la lesionada el día 5 siguiente había hecho constar que «la culpa de la caída era una zanja existente sobre la acera, de unos diez centímetros de profundidad, protegida por una valla, al hallarse dicha acera en obras». [Sentencia judicial (5-7-94; *Tribunal Supremo*, Sala 3.ª): *Actualidad Jurídica Aranzadi*, 163, 8-9-94] = **358 palabras**

¡Vaya tostones! ¿Cuántas veces has tenido que releer cada frase? Quizá hayas desistido. No creo que hayas podido con la última. ¿Quién puede con ella? ¡Y es del Tribunal Supremo!

Tengo que reconocer que resulta más difícil entender una oración sola, sacada de contexto, sin conocer previamente el tema de qué trata. En algún caso, como en el segundo ejemplo, las referencias culturales son tan locales que se nos escapan. Pero está claro que los períodos largos como los anteriores no son nada fáciles de leer.

Las investigaciones sobre la extensión media de la frase en prestigiosos escritores o en tipos de texto también demuestran que la prosa más popular suele usar períodos sintácticos breves. Los siguientes recuentos, extraídos de Richaudeau (1992), apuntan también una curiosa tendencia histórica a acortar la oración, por lo menos en la narrativa inglesa:

ESCRITORES FRANCESES		NOVELAS INGLESAS	
AUTOR	PROMEDIO DE PALABRAS POR FRASE	PERÍODO	PROMEDIO DE PALABRAS POR FRASE
George Simenon	15		
Jean Giono	15	entre 1740-1790	41
Gustave Flaubert	18	entre 1800-1859	29
Paul Valéry	22	entre 1860-1919	25
Marcel Proust	38	entre 1920-1979	15
René Descartes	74		

Para que estas cifras tuvieran validez absoluta tendríamos que saber qué se entiende por frase, puesto que puede haber discrepancias relevantes: un período sintáctico, lo que hay entre dos mayúsculas de comienzo de oración o entre dos signos de puntuación, etc. Richaudeau, que posiblemente es quien ha estudiado más a fondo este punto, define la frase como un período de prosa con autonomía sintáctica y semántica, que se marca visualmente con puntuación fuerte (punto, exclamación, etc.) o semifuerte (punto y coma, dos puntos, etc.).

La investigación psicolingüística sobre la capacidad de comprensión de los lectores aporta más información. Por un lado, la capacidad media de la memoria a corto plazo es de 15 palabras; o sea, nuestra capacidad para recordar palabras, mientras leemos, durante unos pocos segundos, es muy limitada. Esto significa que cuando nos encontramos con un período largo, con incisos también extensos, nuestra memoria se sobrecarga, no puede retener todas las palabras y perdemos el hilo de la prosa (¡como nos ha pasado con las frases anteriores!).

Por otro lado, las frases muy cortas y de lectura fácil son más difíciles de recordar si se encadenan una detrás de otra sin conexiones lógicas. El lector lee sin esfuerzo pero tiene que recordar las ideas una por una, no puede relacionarlas significativamente para formar unidades superiores. Así pues, tampoco hay que caer en el extremo opuesto redactando períodos telegráficos. Compara las tres posibilidades de este fragmento:

UN PUNTO	CUATRO PUNTOS	SEIS PUNTOS
Los expertos en ganadería se oponen a la importación de estos animales por varios motivos, que van desde la falta de garantías sanitarias de los países vendedores (quienes no han podido aportar ningún documento, de valor internacional, sobre la cuestión), al descenso de la demanda de estas carnes en nuestro país, y también a la falta de una explicación satisfactoria sobre cómo se realizaría el transporte, el almacenamiento y la conservación de la mercancía.	Los expertos en ganadería se oponen a la importación de estos animales por varios motivos. En primer lugar, los países vendedores no han podido aportar garantías sanitarias, con documentación de valor internacional. También, la demanda de estas carnes ha descendido en nuestro país. Y, finalmente, no se ha explicado de forma satisfactoria cómo se realizaría el transporte, el almacenamiento y la conservación de la mercancía.	Los expertos en ganadería se oponen a la importación de estos animales. Hay varios motivos en contra. Los países vendedores no han aportado garantías sanitarias. No han podido aportar ningún documento de valor internacional. La demanda de estas carnes ha descendido en nuestro país. Tampoco se ha explicado de forma satisfactoria cómo se realizaría el transporte, el almacenamiento y la conservación de la mercancía.

La retahíla de frases de la derecha ayuda poco o nada a comprender el significado del fragmento, porque no relaciona las ideas entre sí como hacen las otras dos versiones. Seguramente nos quedaríamos con la versión del centro, que identifica cada idea con una oración cerrada con punto final, y que incluye marcadores textuales [pág. 154]. Vamos a comprobarlo con un ejemplo real (que contiene una silepsis marcada con cursiva [ver pág. 122]):

ORIGINAL	MEJORADO
Todo ello [los banquetes del restaurante de un casino] dentro del ambiente más selecto en el que una relajante decoración, en armonía con múltiples y bellas plantas de interior, *ponen* la nota de distinción de este establecimiento que, como ya hemos mencionado, destaca por la flexibilidad de su horario: desde las 21 horas hasta las 4.30 de la madrugada, y al que se puede acceder directamente —con el único requisito de presentar su documento nacional de identidad o pasaporte— o bien reservando su mesa al número 281 XX XX o fax 281 XX XX. [*Sur*, 17-9-94]	Todo ello se realiza dentro del ambiente más selecto en el que pone nota de distinción una relajante decoración, con múltiples y bellas plantas de interior. Como ya hemos mencionado este establecimiento destaca por la flexibilidad de su horario: desde las 21 horas hasta las 4.30 de la madrugada. Se puede acceder a él reservando su mesa al número 281 XX XX o fax 281 XX XX, o bien directamente —con el único requisito de presentar su documento nacional de identidad o pasaporte.

¿Qué fragmento se lee mejor? ¿El de la derecha, verdad? Leemos las oraciones breves, ordenadas y directas como las de la derecha sin pararnos; comprendemos sus ideas principales con una sola pasada rápida, sin tener que prestar ninguna atención especial. En cambio, ¿qué pasa con la de la izquierda? Seguro que has perdido el hilo de la prosa y has tenido que retroceder para releerla. ¡Quizá hayas tenido que pasar dos, tres o más veces para comprenderla! La oración es tan larga y tiene tantos incisos, que te extravías en ella; de pronto te olvidas del referente de algún pronombre, del sujeto que da sentido a un verbo... y tienes que retroceder para repescarlos.

En definitiva, la extensión de la frase no es un valor absoluto. Pueden complicar la oración otros aspectos como los incisos, el orden de las palabras o determinadas estructuras sintácticas. Además, la comunicación depende también de otros factores como el nivel cultural del lector destinatario o el tema del texto. Por lo tanto, es lógico que los períodos varíen y se adapten a las circunstancias. Quizás la mejor recomendación final para escribir frases la formuló hace un siglo, como una premonición iluminada, un gramático español: «No escribamos nunca cláusula alguna en el papel, sin haberla construido antes en el entendimiento, y desechémosla por demasiado larga, enredada y confusa siempre que después de construida, no podamos retenerla con facilidad en la memoria.» (Galí, 1896)

COMO UN ÁRBOL DESNUDO

Esta canción de Lluís Llach («Com un arbre nu») me va de perlas para presentar esta comparación entre frases y árboles. La sintaxis de la frase es como la copa de un árbol que trepa y se subdivide en muchas ramas, de más o menos longitud, repletas de hojas de adjetivos y complementos que reverdecen la planta. Según esto, ¿cuáles son los árboles-frase más bonitos y fáciles de leer?

Las ramas de la frase son todas aquellas expresiones, añadidas a la estructura básica, que podrían eliminarse sin que el período perdiera autonomía sintáctica: relativos, aposiciones, vocativos, explicaciones, algunas subordinadas, circunstanciales, etc. Pueden ir o no marcadas gráficamente con signos de puntuación delante y detrás. Las denominaré *incisos* para simplificar.

Los incisos enriquecen la idea básica de la frase con información complementaria, pero también la alargan hasta la exageración, si no se pone freno. Una estructura básica de pocas palabras (sujeto, verbo y objeto) puede convertirse en un período de diez líneas o más, alargándola con incisos y más incisos. Repasa los ejemplos citados más arriba de frases extensas y contrasta su estructura básica de oración con los incisos añadidos; en algunos casos los incisos son mucho más extensos que la base principal.

Las consecuencias de este hecho son bastante graves. La frase principal queda camuflada entre tantas ramificaciones y al lector le cuesta identificarla. Los incisos demasiado largos separan elementos continuos y rompen el hilo de la lectura, como hemos visto. El lector no tiene capacidad para recordar todo lo que va leyendo. Fíjate en los incisos de los dos siguientes párrafos-frase [*Avui*, 14-1-93], dibujados como un árbol de lado. He separado en el espacio cada inciso y he marcado la frase principal en letra negrita:

PRIMER ÁRBOL-FRASE

Jordi Arcarons seguramente pasará
a la historia como un héroe,
etiqueta
exagerada
que
entre todos acostumbramos
a colgar en la espalda
y
sin tener en cuenta
a los protagonistas
de un éxito deportivo
continua con su obstinación   si   remarcable.
de sumar victorias de etapa
en el rally París-Dakar.

En su odisea
moderna,

      montado
      en una nave
      de dos ruedas
      por África,

         a la búsqueda
         del tiempo perdido

           o,

              mejor,
              sumado como
              un lastre injusto,

                ya que
                    pensamos que 8 horas
                    de penalización es un castigo
                    excesivo por un error
                    o, incluso, por una travesura,

                    Arcarons hace cinco
                    días que vacía el reloj
                    de arena

                 que

                le han cargado
                en la moto
                los organizadores,

            tirando
            granitos
         que

         se confunden
         con el desierto

       y

dejando atrás
a sus rivales.

La primera frase resulta más fácil de leer porque la rama principal está al inicio y en seguida nos damos cuenta de cómo se relaciona el resto con ella. Pero la segunda presenta más dificultad, puesto que el verbo principal no aparece hasta más allá de la mitad y, antes, hemos tenido que ir sorteando y descifrando varios incisos que no podemos entender completamente hasta que llegamos al verbo principal. Es más que probable que no podamos recordar toda la información a la vez y que nos extraviemos a media lectura.

Los manuales de redacción ofrecen algunas ideas para evitar frases como las anteriores, o para reducir al máximo el efecto pernicioso que causan:

1. Limitar los incisos

Richaudeau (1978) califica el inciso de *pantalla lingüística (écran linguistique)*, porque corta el flujo natural de la frase. Propone hacer un uso moderado de los incisos, tanto en cantidad como en calidad, y da dos consejos. Primero, reducir los incisos a menos de 15 palabras que, como hemos dicho antes, es la capacidad media de la memoria a corto plazo. Pero si no podemos prescindir de un inciso largo, entonces el autor recomienda —y éste es el segundo consejo que, dicho sea de paso, es una de las estrategias más usadas en el habla—, recomienda refrescar la memoria del lector repitiendo la última palabra de la frase después del inciso, tal como acabo de hacer repitiendo la palabra *recomienda*. Veamos otro ejemplo:

La Administración Clinton decidió ayer, *en lo que parecen ser los preparativos finales para una eventual invasión de Haití y en medio de la creciente oposición popular y de la oposición republicana*, enviar a las costas de este país caribeño a dos portaaviones... [*El Periódico*, 14-9-94]

...y de la oposición republicana, *decidió* enviar a las costas...

2. Podar lo irrelevante

Hay que comprobar que todas las ramas de la frase aporten información útil. A menudo algunas subordinadas y complementos del nombre (introducidos por *de, por, a...*) son *muletillas* o *clichés* de escaso o nulo significado [pág. 145]. La frase gana claridad si se le poda la hojarasca seca y nos quedamos solamente con las palabras clave, con las hojas verdes y lustrosas:

Un hombre no identificado, al parecer joven, que se cubría el rostro con un capuchón y portaba una pistola, realizó un atraco en las dependencias de la sucursal del banco X, ubicada en la calle Y, de la que consiguió llevarse un botín que asciende a un total de dos millones de pesetas. [*La Voz de Galicia*, 1992]

Un encapuchado se llevó a punta de pistola dos millones de pesetas de la sucursal del banco X en la calle Y.

Un médico *de un gran hospital* londinense *ha provocado una fuerte* polémica al afirmar que *está preparado para utilizar* un programa *de ordenador diseñado* para decidir qué pacientes deben ser atendidos prioritariamente *en función de* sus posibilidades de supervivencia. [*ABC*, 25-8-94]

Un médico londinense crea polémica al presentar un programa informático que decide qué pacientes deben ser atendidos. prioritariamente según sus posibilidades de supervivencia.

Las drogas *son sustancias que*, si bien antes *algunas de ellas* se utilizaban para curar, hoy en día, *además de ser utilizadas* por la medicina, *sirven para que* algunos individuos, ya sea por vía intravenosa, en pastillas, esnifando o de cualquier otra manera *que ellos saben*, les produzca, *una vez han entrado en la circulación sanguínea y* llegan al cerebro, *un estado de* excitación especial. [Al]

Si bien antes las drogas se utilizaban para curar, hoy en día las ingieren algunos individuos, ya sea por vía intravenosa, en pastillas, esnifando o de cualquier otra manera, para conseguir una excitación especial cuando la sustancia llega al cerebro a través de la sangre.

Este *estilo vacío* de la izquierda, supuestamente formal y culto, sólo consigue dificultar la comunicación. El lector y la lectora tienen que leer más palabras y prestar más atención... ¡y los autores nos complicamos la vida escribiendo frases torturadas!

3. Juntar las palabras relacionadas

El inciso puede estorbar o incluso confundir la lectura, si se inserta torpemente entre dos palabras que deben aparecer juntas. Éste es el caso de algunos incisos que separan, sin motivo, sujeto y verbo, verbo y objeto, o nombre y adjetivos. Debemos situar el inciso en la posición de la frase que resulte menos conflictiva. Ejemplos:

La pasta, *si se prepara con imaginación*, puede ser, *incluso en los banquetes más formales*, un plato muy apreciado.	La pasta puede ser un plato muy apreciado, incluso en los banquetes más formales, si se prepara con imaginación.
La vida del tercer conde Godó, actual editor de «La Vanguardia», *a quien se acusa de trapicheos con facturas falsas e implicación en espionaje telefónico, del que se declara inocente*, tiene, *en la tragedia juvenil*, un cierto paralelismo con la de su abuelo Ramón. [*El Mundo*, 28-11-93]	La vida del tercer conde Godó, actual editor de «La Vanguardia», tiene un cierto paralelismo con la de su abuelo Ramón en la tragedia juvenil. Se le acusa de trapicheos con facturas falsas e implicación en espionaje telefónico, del que se declara inocente.

Una última cuestión más filosófica sobre los incisos se refiere a las causas que los provocan. Cada persona elige su estilo de escritura y, por lo tanto, parece lícito que alguien se incline por el inciso abundante y el estilo rebuscado. Pero sospecho que a veces no se trata de una elección personal, sino de limitaciones verbales y, al fin y al cabo, de incapacidad para expresar ideas intrincadas una detrás de otra, de manera simple y comprensible. Hay una gran diferencia entre la oración compleja que desarrolla minuciosamente una única idea, con incisos que matizan y complementan la estructura básica; o el chorro de frases brutas, poco elaboradas, en las que los incisos sirven para incluir nuevas ideas, dispersas y distintas, que no se han sabido formular de ninguna otra forma.

Veamos qué puede pasar en la práctica. Nuestro pensamiento corre más deprisa que la mano, apuntando o tecleando, y se nos ocurren ideas paralelas, cuando todavía no hemos terminado de escribir la primera. Puesto que no hay tiempo y tampoco encajan sintácticamente, la solución más sencilla consiste en abrir un inciso en la frase que estamos escribiendo (un paréntesis, unos guiones o unas comas) y apuntar la idea nueva; luego lo cerramos y continuamos la frase original con la primera idea, y así sucesivamente. Actuando de esta manera, eludimos la tarea de relacionar las ideas entre sí y de presentarlas ordenadas y claras en el texto. El lector tendrá que suplir el trabajo que el autor descuidó. Leer será mucho más difícil.

Termino este apartado con una cita de otro cantautor catalán. Comparto con Joan Manuel Serrat —¡y quizás estarás de acuerdo con nosotros!— lo de tener *algo personal* con ciertos tipos: con «los sicarios» que «no pierden ocasión en declarar públicamente su empeño en propiciar un diálogo de franca distensión, que les permita hallar un marco previo que garantice unas premisas mínimas, que contribuyan a crear los resortes que impulsen un punto de partida sólido y capaz, de este a oeste y de sur a norte, donde establecer las bases de un tratado de amistad que contribuya a poner los cimientos de una plataforma donde edificar un hermoso futuro de amor y de paz. Entre estos tipos y yo hay algo personal».

ORDEN Y POSICIÓN

La ordenación interna de la frase es otra cuestión que incide directamente sobre la inteligibilidad de la prosa. En el habla las palabras se encadenan espontáneamente, moduladas por la entonación, las pausas, el tono y las inflexiones de la voz. En la escritura sólo podemos servirnos de la puntuación para marcar los giros sintácticos y, por lo tanto, el orden de las palabras no es tan libre; se convierte en esencial para conseguir una redacción fluida.

A menudo las palabras se hacen un lío. Debemos rehacer el flujo natural de la frase para buscar una ordenación más racional. La estructura más básica y comprensible es la de sujeto-verbo-complementos (*ABC, El País, La Vanguardia*, etc.):

Alfonso Guerra *desde la sesión de investidura* pensaba proponer *como alternativa al presidente González, si éste no superaba la moción de confianza,* al guerrista Francisco Vázquez. [*Diario 16 G*, 22-5-94, portada]

Alfonso Guerra pensaba proponer al guerrista Francisco Vázquez como alternativa al presidente González, si éste no superaba la moción de confianza, desde la sesión de investidura.

Desde la sesión de investidura, Alfonso Guerra pensaba proponer al guerrista Francisco Vázquez como alternativa al presidente González, si éste no superaba la moción de confianza.

Corrió la chica, después, hacia la carretera y, con mucha fuerza, gritó.

Después la chica corrió hacia la carretera y gritó con mucha fuerza.

Pero todos los extremos son peligrosos. ¿Te imaginas un texto en el que todas las oraciones respetaran escrupulosamente este orden básico? ¡Sería aburridísimo! Los tratadistas de retórica recomiendan variar de vez en cuando la estructura de la frase para animar la prosa [pág. 205].

Por otro lado, el principio de la frase es la posición más importante de un período: la que el lector ve y lee primero y, también, la que luego se recuerda mejor (Flesch y Lass, 1947; Richaudeau, 1992). Por ello, parece lógico que la información importante del texto, que tendría que vehicularse en la frase principal, ocupe siempre esta posición preeminente. Ejemplos:

El martes, a las 19, en la Facultad de Ciencias Económicas de la Universidad Nacional Lomas de Zamora, Camino de Cintura y Avda. Juan XXIII, *se inaugurarán las primeras cuatro aulas de la nueva ala de construcción de 16 salones,* que se sumarán a las 35 ya existentes. [*La Nación*, 5-6-94]

Las primeras cuatro aulas de la nueva ala de construcción, de 16 salones, se inaugurarán el martes, a las 19, en la Facultad de Ciencias Económicas de la Universidad Nacional Lomas de Zamora, Camino de Cintura y Avda. Juan XXIII. Estas nuevas aulas se sumarán a las 35 ya existentes.

A primeras horas de la mañana de ayer, jueves, apareció ahorcado en un corral junto a su domicilio, en Pedroso, *un hombre de 62 años, casado y con cuatro hijos.* [*El Correo*, 15-4-94]

Un hombre de 62 años, casado y con cuatro hijos, apareció ahorcado en un corral junto a su domicilio, en Pedroso, a primeras horas de la mañana de ayer, jueves.

Pero a veces la mala situación de la información importante se complica con la presencia de palabras irrelevantes o con incisos que alejan los vocablos que deberían ir juntos. En el siguiente doblete, he tenido que aplicar al mismo tiempo las tres últimas reglas para mejorar sensiblemente el original (la cursiva señala los datos importantes y el subrayado lo secundario o prescindible):

El disgusto entre cierto sector de la producción cinematográfica catalana por el rechazo de los proyectos catalanes que aspiraban conseguir ayudas del Instituto de Cinematografía (ICAA) mediante la nueva modalidad del plan bianual de ayudas a la producción ha tenido como consecuencia *la dimisión de Pere Fages como presidente de la asociación de productores catalanes y, también, de la comisión que concede dichas ayudas.*

Pere Fages dimitió como presidente de la asociación de productores catalanes y, también, de la comisión que concede las ayudas a la producción del Instituto de Cinematografía (ICAA), a causa del disgusto entre la producción cinematográfica catalana por el rechazo de sus proyectos a dichas ayudas.

Fages, tras ver cuestionada el pasado lunes en una asamblea de su asociación la actitud que ha mantenido en dicha comisión, *anunció su decisión irrevocable de dimitir de ambos organismos.* [*La Vanguardia*, 23-6-94]

Fages anunció su decisión irrevocable de dimitir de ambos organismos, tras ver cuestionada el pasado lunes en una asamblea de su asociación la actitud que ha mantenido en dicha comisión.

¡Vaya cambio! Pero qué trabajo que lleva, ¿verdad? En resumen, la frase se vuelve enérgica y más clara si la información relevante se da al principio. William Zinsser (1990) nos recuerda: *«La frase más importante en cualquier texto es la primera. Si no induce al lector a pasar a la segunda, tu texto está muerto.»* Y podríamos decir lo mismo de la primera frase de un apartado o de un párrafo... ¡Y puede que también de las primeras palabras de una frase!

Las subordinadas quedan mejor al final, ordenadas de más cortas a más largas, o según su significado. Sólo los complementos cortos, como los circunstanciales de tiempo y de lugar, pueden ir al principio de la frase sin entorpecer su fluencia. Linda Flower (1989) estudia cuál es la mejor posición que puede ocupar un inciso en el período. Distingue tres tipos de frase:

RAMA AL PRINCIPIO	RAMA EN EL CENTRO	RAMA AL FINAL
De acuerdo con los plazos con que trabajan los técnicos del ayuntamiento vigués, el retranqueo de la superficie del terreno de juego de Balaídos y el levantamiento total del césped se llevará a cabo a partir del día 6 de junio. [*Faro,* 22-5-94]	El retranqueo de la superficie del terreno de juego de Balaídos y el levantamiento total del césped, *de acuerdo con los plazos con que trabajan los técnicos del ayuntamiento vigués,* se llevará a cabo a partir del día 6 de junio.	El retranqueo de la superficie del terreno de juego de Balaídos y el levantamiento total del césped se llevará a cabo a partir del día 6 de junio, *de acuerdo con los plazos con que trabajan los técnicos del ayuntamiento vigués.*

Poniendo la rama subordinada al principio —tal como estoy haciendo ahora—, el lector lee las circunstancias y los datos complementarios antes que la idea nuclear. De este modo, cuando llega la información esencial *(el retranqueo y el levantamiento del terreno...),* estamos preparados para entender la idea con todos sus detalles. Pero si la subordinada es demasiado larga, el lector puede impacientarse e incluso desorientarse.

La opción de la rama en el centro permite insertar información secundaria en cualquier punto de la frase, abriendo un pequeño inciso después de la palabra elegida. Se produce un cierto «suspense» en la lectura, porque las ideas empezadas —súbitamente interrumpidas por un dato complementario relacionado con la oración básica— no terminan hasta el final del inciso. El inconveniente más importante es que separa palabras que tendrían que ir juntas y, por tanto, se puede caer en los riesgos que he comentado anteriormente.

Para terminar, las ramas del final son más fáciles de leer y de es-

109

cribir, porque reproducen el pensamiento natural de las personas —según afirma la misma autora con un ejemplo parecido al anterior—. Primero leemos la frase principal, que contiene la información más importante, y después los datos secundarios. El peligro de esta opción son las frases-cascada, o aquella prosa en que los complementos se van añadiendo al final, uno detrás de otro, mediante comas o conjunciones, como una cascada interminable que va cayendo río abajo, de manera que el lector va leyendo, despreocupado, siguiendo el curso sintáctico de la frase, hasta que llega al final y se percata —¡oh, sorpresa!— que ya no se acuerda de cómo empezaba y, lo que es peor, que no tiene ni idea de la relación que tiene todo este rollo que está leyendo ahora mismo con el tema del párrafo —¿no es cierto?

He aquí otro ejemplo más ilustre y divertido. A ver si, leyendo sólo una vez la frase, puedes relacionar el sentido del principio con las subordinadas finales. ¡Quien avisa no es traidor!:

> Por mucho que se empeñen los anuncios que proliferan por doquier, proclamando sistemas para perder kilos en verano, lo único que por estas fechas adelgaza de verdad son los periódicos, deprimente comprobación, en lo que a mí respecta, porque detesto convertirme en una lectora de agosto condenada a enterarme de chorradas —e incluso a escribirlas—, a mayor honra de esa bobería generalizada que se nos adjudica cuando entramos en periodo de vacaciones. [*El País*, 3-8-94]

La cascada es otro tipo de frase atiborrada de incisos, típica de aprendices, novatos o de redacciones poco elaboradas.

SELECCIÓN SINTÁCTICA

Determinadas construcciones son menos comprensibles que otras, sobre todo si se usan sin criterio ni cautela. Los siguientes comentarios se refieren a las estructuras sintácticas que han demostrado ser más claras en la prosa. Así pues, ¡atención a la selección sintáctica que hagas!

1. Dejar actuar a los actores

Si los protagonistas reales de lo que se explica coinciden con el sujeto y el objeto gramaticales, la frase gana transparencia. En cambio, si la prosa esconde a los protagonistas semánticos en construcciones impersonales o pasivas, el discurso pierde fuerza. Ejemplos:

Se han difundido varios chismorreos sobre los príncipes *a través de la prensa italiana* en los últimos meses.	*La prensa italiana ha difundido* varios chismorreos sobre los príncipes en los últimos meses
Antes de preparar la primera taza, *se llena* el depósito de agua, *se añade* el café molido a la cápsula, y *se deja* calentar la máquina hasta que se apague la luz piloto.	Antes de preparar la primera taza, *llene* el depósito de agua, *añada* el café molido a la cápsula, y *deje* calentar la máquina hasta que se apague la luz piloto.

Una técnica retórica para concretar y hacer más comprensible la redacción consiste en introducir un actor en cada frase, que actúe de sujeto animado. En el último ejemplo, los imperativos *llene, añada* y *deje* implican un *usted* que ejerce de sujeto gramatical y real de la acción.

2. Ratio baja de nombres y verbos

Según Martínez Albertos (1974) y MAP (1991), los lenguajes periodístico y administrativo modernos (y yo también añadiría el académico y el científico) sufren una creciente tendencia hacia el estilo nominal; es decir, la proporción de nombres supera con creces la de verbos en cada frase. De esta manera la prosa ahorra conectores (conjunciones, relativos, etc.) y gana impersonalidad y objetividad; pero también pierde claridad y se impregna de un regusto abstracto. Ejemplos:

En el caso de una excesiva *preocupación* de los estudiantes por la gramática puede ser útil el *conocimiento* de las técnicas de *generación*	Si los estudiantes se *preocupan* excesivamente por la gramática puede ser útil que *conozcan* las técnicas para *generar* ideas y *reflexionen* de

ideas y la reflexión sobre los defectos *cometidos* durante la escritura.

sobre los defectos que *cometen* mientras *escriben*.

número de palabras: 35
verbos: 1
sustantivos: 11

número de palabras: 28
verbos: 7
sustantivos: 5

No al *favorecimiento* del *aprendizaje* de un único método de redacción, a causa de la técnica personal, *determinada* por el carácter, la personalidad y el estilo individuales de trabajo.

No *favorece* que *se aprenda* un único método de redacción, porque cada cual *tiene* una técnica personal, que *está* determinada por el carácter, la personalidad y el estilo individuales de trabajo.

número de palabras: 29
verbos: 0
sustantivos: 9

número de palabras: 31
verbos: 4
sustantivos: 7

Flower (1989) propone equilibrar a la baja la proporción de nombres y verbos para recuperar el estilo verbal. Tal como hemos hecho en estos ejemplos, nombres como *preocupación, conocimiento* o *favorecimiento* pueden transformarse en las formas equivalentes *preocupan, conozcan* o *favorece*. La prosa adquiere un tono más dinámico y vital, más parecido al habla.

Por otra parte, la negación de nombres es bastante más pesada o torpe que la de verbos. Ejemplo:

...pero da la impresión de que lo auténticamente «chic» en estos momentos [en EE.UU.] es agarrar una película europea, dejarla irreconocible e intentar sacar de ella todo el dinero posible. A menudo, además, la compra de los derechos por parte de uno de los grandes estudios incluye *la no distribución del original* en Estados Unidos. [*El País*, 18-9-93]

...además, la compra de los derechos por parte de uno de los grandes estudios incluye *que el original no se distribuya* en Estados Unidos.

...además, *cuando uno de los grandes estudios compra los derechos de un original éste no se distribuye* en Estados Unidos.

112

3. Limitar los gerundios

La gramática condena el llamado gerundio copulativo o de posteridad: el que equivale a una oración coordinada con *y* y que expresa un tiempo posterior al del verbo principal. Una frase como **El agresor huyó siendo detenido horas después* [RAE], en la que la detención es posterior a la huida, debería ser: *El agresor huyó y (pero) fue detenido horas después*. Además, la mayoría de manuales de estilo (*ABC*, *El País*, Canal Sur, *La Vanguardia*, *La Voz de Galicia*, *Avui*; pero no TVE en Mendieta, 1993) rechazan otras construcciones con gerundio: el anglicismo *estar siendo* + participio (**La oferta está siendo discutida*); el llamado gerundio de «Boletín del Estado» (**Se ha votado una enmienda regulando...*); las ambigüedades; y, en general, expresan bastantes prevenciones respecto a su uso y su abuso.

En mi opinión, el exceso de gerundios, incluso correctos, cargan la frase y le imprimen un regusto arcaico poco agradable. Quizás sea una manía personal, pero no me gusta mucho utilizarlos. Ejemplos:

...Una razón que, pese habérsela quitado el Tribunal Constitucional en el punto esencial de «su» ley Corcuera, increíblemente *siguió creyendo que conservaba* hasta el final, *protagonizando* uno de los «reality shows» más bochornosos que recuerde esta aún joven democracia. [*El Mundo*, 28-11-93]	...Una razón que, pese habérsela quitado el Tribunal Constitucional en el punto esencial de «su» ley Corcuera, increíblemente creyó conservar hasta el final; *y protagonizó* uno de los «reality shows» más bochornosos que recuerde esta aún joven democracia.
Me ha pedido permiso para citar en la conferencia los resultados de mis investigaciones, *asegurándome* que sólo los comentaría oralmente y que no pasaría ninguna fotocopia, y *comprometiéndose* a mencionar mi autoría exclusiva.	Me ha pedido permiso para citar en la conferencia los resultados de mis investigaciones. Me ha asegurado que sólo los comentaría oralmente y que no pasaría ninguna fotocopia, y se ha comprometido a mencionar mi autoría exclusiva.

4. Evitar las negaciones

Las frases negativas son difíciles de entender, porque requieren más atención y tiempo que las afirmativas. Muchas veces podemos sustituirlas con formulaciones más positivas. Ejemplo:

Ignoraba que los cajeros automáticos *no* pudieran servir billetes de 1000 PTA.	*Creía* que los cajeros automáticos podían servir billetes de 1000 PTA.
Los sindicatos *no se reunirán* mañana con representantes del gobierno. [*La Voz de Galicia*, 1992]	Los sindicatos *suspenden* la reunión con representantes del gobierno.

Además, en la correspondencia comercial, la publicidad o, incluso, las relaciones públicas, se considera indecoroso emplear palabras negativas, o con connotaciones «poco finas», como *no, negar, rechazar;* se prefiere un estilo más constructivo que ponga énfasis en los puntos positivos. De este modo se habla de aspectos *mejorables*, en vez de *negativos*, de *dificultades* en vez de *problemas*, o de obras *desafortunadas* y no de *malas, absurdas* o *funestas*.

5. Buscar un estilo activo

La pasiva morfológica, que funcionaba tan bien en latín y que se usa a diestro y siniestro en inglés o en alemán, nunca cuajó en las lenguas románicas. Sólo la influencia humanística y culta la mantuvo (Alcina y Blecua, 1989), contra la tendencia natural del habla, que la utiliza muy raramente. El escrito recurre a ella en el estilo periodístico y en el técnico, como solución de urgencia para destacar en posición inicial al objeto de la acción. Ejemplo: *Una pintura de Miró fue robada ayer en el Museo*, donde la noticia está en *la pintura de Miró* y no en los ladrones desconocidos que la robaron.

Con este tipo de construcciones la prosa se carga de palabras y adquiere un ritmo lento, pesado. Ejemplos:

La disposición de Mariano Rubio *a acceder a la solicitud para que* comparezca esta tarde ante la comisión de Economía y Hacienda del Congreso y explique sus actividades financieras *fue acogida* con escepticismo *en* el Gobierno y *entre* los partidos. [*El Correo*, 15-4-94]

La disposición de Mariano Rubio *a comparecer* esta tarde ante la comisión de Economía y Hacienda del Congreso y explic*ar* sus actividades financieras *fue acogida* con escepticismo *por* el Gobierno y los partidos.

La disposición de Mariano Rubio a comparecer esta tarde ante la comisión de Economía y Hacienda del Congreso y explicar sus actividades financieras, *la acogieron* el Gobierno y los partidos con escepticismo.

El taxista Héctor Jorge González *fue muerto* de un balazo en San Justo. Se trata del segundo asesinato.... [*Clarín*, 7-9-94]

...*murió* de un balazo...

En el primer ejemplo, la primera frase de la derecha poda algunas palabras irrelevantes y corrige las preposiciones lógicas de la pasiva morfológica; la segunda solución (con *la acogieron*) propone una alternativa más coloquial.

EJERCICIOS

Después de la teoría viene la práctica. Las siguientes frases, extraídas de periódicos o de redacciones de aprendices, son correctas pero bastante mejorables. Se trata de pulir estos diamantes en bruto con las herramientas anteriores. Encontrarás al final algunas soluciones posibles y los comentarios correspondientes. He aquí las frases:

1. El ministro asegura que el gobierno central no quiere que el diálogo con la Generalitat sea difícil y poco fluido. [*Avui*]

2. Las jornadas de huelga de la construcción han sido paraliza-

das hasta el mes de septiembre, por decisión de los sindicatos CCOO y UGT. [*Avui*]

3. La operación salida para este largo fin de semana, que empieza con la festividad de San Juan, y la coincidencia con la verbena de ayer por la noche provocaron un gran colapso circulatorio en Barcelona durante toda la tarde, de manera que las principales vías de salida de la ciudad no pudieron engullir los más de doscientos mil coches que se preveía que saldrían, y el caos duró hasta primera hora de la noche. [*Avui*]

4. Según hizo saber ayer por boca de su portavoz, Juan Pellón, el gobierno central se muestra contrario, por razones políticas y jurídicas, al hecho de que la corporación cree una nueva regulación de las transacciones comerciales.

5. Este libro es una novela en la cual se ven plasmadas las teorías individuales del Modernismo... [Al]

6. Este microcosmos expuesto en *Wilt* [la novela de Tom Sharpe], sirve no solamente a la sociedad inglesa, sino a cualquier otra sociedad desarrollada como aquélla, que sería nuestro caso. [Al]

Soluciones y comentarios:

1. ~~El~~ ministro asegura ~~que~~ el gobierno central ~~no~~ quiere ~~que el~~ *un* diálogo con la Generalitat ~~sea difícil y poco~~ *fácil* ~~seguro~~ fluido.

Podemos transformar la negación original por una afirmación, eliminar las dos construcciones con *que*, y trasladar al final el declarante, que es menos importante que la declaración. El resultado es una frase más simple y breve: *el gobierno central quiere un diálogo fácil y fluido con la Generalitat, según asegura el ministro*. Para algunos puede haber una distancia importante —especialmente en política— entre «no querer que el diálogo sea difícil y poco fluido» y «querer un diálogo fácil y fluido». Cierto, pero entramos de lleno en el terreno de la ambigüedad e incluso de la confusión premeditadas. Entonces, sobran las reglas de economía o claridad.

2. ~~Las jornadas~~ *la* de huelga de la construcción han ~~sido~~ *la, decidido* ~~paralizadas~~ hasta ~~el mes de~~ septiembre, ~~por decisión de los sindicatos~~ CCOO y UGT.

A mi entender, la mejor revisión es *la huelga de la construcción, la han decidido paralizar CCOO y UGT hasta septiembre*, porque mantiene el orden original. La solución: *CCOO y UGT han decidido paralizar la huelga de la construcción hasta septiembre,* cambia la perspectiva de la frase, ya que pone el énfasis en los sindicatos, en lugar de en la huelga. En ambos casos eliminamos *sindicatos, jornadas* y *mes* por obvios. También se podría prescindir de *decisión-decidido,* si fuera necesario.

3. La operación salida para este largo fin de semana, (que empieza con la festividad de San Juan) y ~~la coincidencia con~~ la verbena de ayer por la noche provocaron un gran colapso circulatorio en Barcelona durante toda la tarde, ~~de manera que~~ las principales vías de salida ~~de la ciudad~~ no pudieron engullir los más de (doscientos mil) *200.000* coches ~~que se preveía que saldrían,~~ *Previstos* X El caos duró hasta X primera hora de la noche.

Se trata de una oración excesivamente larga, con subordinadas e incisos. Una buena técnica para recortarla es sustituir las palabras de enlace por puntuación. También podemos eliminar *la coincidencia con, de la ciudad*; reducir *que se preveía que saldrían* a *previstos*; o usar la cifra *200.000*. La frase gana claridad y concisión con estas modificaciones (solución de la izquierda), pero aún se puede prescindir de más palabras (solución de la derecha):

La operación salida para este largo fin de semana, que empieza con la festividad de San Juan, y la verbena de ayer por la noche provocaron un gran colapso circulatorio en Barcelona durante toda la tarde. Las principales vías de salida no pudieron engullir los más de 200.000 coches previstos. El caos duró hasta primera hora de la noche.	La operación salida de este largo fin de semana y la verbena de San Juan de ayer provocaron un gran colapso circulatorio en Barcelona. Las salidas no pudieron engullir los 200.000 coches previstos. El caos duró hasta primera hora de la noche.

4. Según hizo saber ayer por boca de su portavoz, Juan Pellón, el gobierno central ~~muestra contrario~~ *se opone* (por razones políticas y jurídicas,) ~~al hecho de~~ que la corporación cree una nueva regulación de las transacciones comerciales.

Modificando el orden de los complementos, con un verbo más sintético y elidiendo palabras que sobran: *el gobierno central se opone a que la corporación cree una nueva regulación de las transacciones comerciales, por razones políticas y jurídicas, según dijo ayer su portavoz Juan Pellón.*

5. Esta ~~libro es una~~ novela ~~en la cual se ven~~ plasma~~das~~ las teorías individuales del Modernismo...

¡Basta ya de expresiones complicadas! Simplemente: *esta novela plasma las teorías individuales del Modernismo.* El hiperónimo *libro* dice bastante menos que *novela* y se puede prescindir del relativo culto y de la perífrasis verbal.

6. Este microcosmos expuesto en *Wilt,* ⟨sirve⟩ no solamente a la sociedad inglesa, sino a cualquier otra ~~sociedad~~ *que sea* desarrollada como aquélla, ~~que sería nuestro caso~~. *como la española*

La redacción esconde incapacidad expresiva. La palabra *sirve a* seguramente quiere significar *describe, caricaturiza, dibuja...* La frase completa sería: *este microcosmos expuesto en* Wilt *retrata no solamente a la sociedad inglesa, sino a cualquier otra que sea desarrollada, como la española.* La palabra técnica que designa este incidente de la redacción es *idea subdesarrollada:* se trata de una idea raquítica o embrionaria que el autor no ha sabido formular de forma completa y que el lector debe reconstruir a partir de sus conocimientos e intuición.

Estas rectificaciones no son las únicas y puede que tampoco sean las mejores. La prosa se puede ir retocando hasta el infinito y, si contáramos con los textos completos donde aparecían estas frases, podríamos afinarlas todavía más. Pero tampoco se trata ahora de rizar el rizo.

Decir lo mismo de manera más clara y con menos palabras no es tarea fácil. Estas reglas son lecciones básicas de principiante. El pulido eficaz de la redacción requiere entrenamiento constante y voluntad. Recuerdo cuando descubrí estas reglas y empezaba a aplicarlas: se me hacía bastante difícil hallar los estorbos de cada frase y deshacer los enredos. Pero poco a poco fui adquiriendo facilidad y ahora lo hago bastante más deprisa.

Terminaré con una lista de los consejos más importantes sobre la frase, a modo de «chuleta» para tener delante cuando revisemos la prosa:

OCHO CONSEJOS PARA ESCRIBIR FRASES EFICIENTES

1. ¡Ten cuidado con las frases largas! Vigila las que tengan más de 30 palabras. Comprueba que se lean fácilmente.

2. Elimina las palabras y los incisos irrelevantes. Quédate sólo con lo esencial.

3. Sitúa los incisos en la posición más oportuna: que no separen las palabras que están relacionadas.

4. Busca el orden más sencillo de las palabras: sujeto, verbo y complementos. Evita las combinaciones rebuscadas.

5. Coloca la información relevante en el sitio más importante de la frase: al principio.

6. No abuses de las construcciones pasivas, de las negaciones ni del estilo nominal, que oscurecen la prosa.

7. Deja actuar a los actores: que los protagonistas de la frase suban al escenario, que actúen de sujeto y objeto gramaticales.

8. ¡No tengas pereza de revisar las frases! Tienes que elaborar la prosa, si quieres que sea enérgica y que se entienda.

8. LA PROSA DISMINUIDA

De las faltas, de los defectos y de las impurezas.

Como cualquier otra construcción, la frase a veces presenta grietas y resquebrajaduras que hacen tambalear el edificio del texto. Las faltas de redacción despilfarran la fuerza expresiva de la prosa, rompen su sinuosidad sintáctica, crean vacíos semánticos, provocan ambigüedades y, en definitiva, arriesgan el éxito final de la comunicación. La prosa se vuelve coja, dislocada, minusválida.

Solemos darnos cuenta de los errores importantes de redacción, sobre todo si atentan contra el significado, pero cuesta mucho más identificar los detalles o las pequeñas imperfecciones. Por otra parte, nos referimos a todo con el mismo nombre de *error de gramática, anacoluto* o *solecismo;* prescindimos de estudiar las diferencias, de clasificar los distintos tipos de error, sus posibles soluciones... Nos basta con evitarlos: ¡qué simple!

En este capítulo presentaré las faltas más corrientes y relevantes de redacción, además de otras impurezas y defectos que ensucian la prosa. Como la mayoría se designan con términos de la retórica clásica, que hoy en día resultan extraños e incluso crípticos, desenmascararé su etimología y su significado, y pondré ejemplos de cada uno.

SOLECISMOS

En la antigüedad, los poco afortunados habitantes de la villa de Soloi, una colonia ateniense en la Cilicia (actual Turquía), tenían tanta fama de hablar mal el griego que el término *soloikismos* (y después el latín *soloecismus*) pasó a designar «las expresiones que con-

121

travienen las reglas de gramática»; y todavía hoy nos acordamos de ellos y de ellas por este motivo. Así pues, son solecismos los barbarismos léxicos, los calcos sintácticos de otras lenguas, las frases incoherentes, la ausencia de concordancia y, en definitiva, cualquier falta que contravenga la normativa de la lengua. Algunos manuales (DRAE, Martínez de Sousa, 1993) utilizan este término para referirse sólo a las incorrecciones sintácticas de la construcción, pero el uso general parece mucho más amplio. Por ejemplo, María Moliner cita como «solecismos graciosos, de creación popular, nacidos en Sevilla»: «el café del olivo» por «el café de Hollywood», y «el explica» por «el *speaker*».

Gergely (1992), Martínez de Sousa (1993) y Wales (1989) definen algunos de los solecismos más habituales de la prosa, que no siempre son fáciles de distinguir y clasificar. Mi lista personal es un compendio con ejemplos de las referencias anteriores:

1. Silepsis

Viene del griego *sullepsis*, que significa «comprensión». También conocida como *concordancia ad sensum* o *discordancia,* consiste en quebrantar la concordancia en el género, el número o la persona para atender al sentido de la frase. Así, se escribe: «Su Excelencia, el Presidente, está decidido» (un femenino con un masculino), «la mayor parte han aceptado» (un singular con un plural), y «ustedes trabajáis con mucho ritmo» (tercera persona con segunda). Otros ejemplos:

La Asociación de Centros de Educación Infantil, que engloba en Logroño a la mayor parte de las guarderías privadas, *consideran* que los colegios están haciendo una competencia desleal al sector. [*La Voz*, 15-4-94]	... *considera* que los colegios están haciendo...
* Pero la mayoría del comité federal *permanecieron ajenos* a la noticia que, sin embargo, fue corrien-	Pero la mayoría del comité federal *no fue informada de* la noticia que, sin embargo, fue corriendo de boca

rriendo de boca en boca. Algunos de *ellos* salieron al pasillo para hablar con los periodistas. [*El País*, 30-4-94]

boca en boca. Algunos *diputados* salieron al pasillo para hablar con los periodistas.

Se trata de una cuestión compleja que abarca casos muy variados [ver Bello, 1988; RAE, 1973; y Alcina y Blecua, 1989], desde la discrepancia entre el sexo de la persona y el género gramatical (como «su Majestad está cansado») hasta las discordancias deliberadas por motivos estilísticos (por ejemplo: el «¿cómo estamos?» dirigido a un enfermo en vez del lógico «¿cómo estás?»). Un caso frecuente e importante son los sustantivos colectivos *(gente, pelotón* o *mayoría)* o las expresiones del tipo *una parte de* o *un grupo de*, las cuales ejercen una función cuantificadora en el grupo nominal, aunque gramaticalmente ejerzan de núcleo. ¿Cuáles de las siguientes frases debemos escribir?:

1. La mitad llegó a tiempo.
2. La mitad llegaron a tiempo.
3. La mitad de los invitados llegó a tiempo.
4. La mitad de los invitados llegaron a tiempo.
5. La mitad de los invitados, entre los que figuraba el representante del Partido Reformista, llegaron a tiempo.
6. La mitad de los invitados llegó agotada.
7. La mitad de los invitados llegaron agotados.
8. El 25 % de las jóvenes adolescentes quedó embarazado [*La Voz de Galicia*, 1992].

La recomendación general [seguida por los manuales de estilo: *ABC, El País, La Vanguardia, La Voz de Galicia,* TVE] es preferir la concordancia gramatical y tolerar aquellas desavenencias más corrientes que no causen extrañeza. De este modo, preferimos la frase 1 a la 2, pero aceptamos la 3 y la 4. En la 5, la mayor distancia entre sujeto y verbo permite la concordancia *ad sensum*. También preferimos la frase 7 a la 6, que causa extrañeza por el predicativo *agotada*, y sólo escribiríamos la 8 en una antología del disparate.

Por otra parte, en algunos casos la falta de concordancia aporta matices interesantes de significación. Fíjate en la diferencia entre *la gente dice, la gente dicen* o *la gente decimos.* En cambio, el último

123

ejemplo, marcado con asterisco, debe considerarse una falta grave porque, además de ser evidente, puede desorientar al lector: el *permanecieron ajenos* (con un valor semántico sorprendente) y el *ellos* no tienen ningún referente plural en la frase.

2. Anacoluto

Viene del griego *anakolouthon*, negación de *akolouthon*, que significa «el que sigue, compañero de viaje». Son aquellas frases rotas, en las que la segunda parte no acompaña a la primera o no se corresponde con ella. Ejemplos:

La televisión aparte de distraernos, *su función tendría que* ser también educativa. [Al]	La televisión, aparte de distraernos, *tendría que* educarnos.
	La función de la televisión, aparte de distraer, tendría que ser *la de* educar.
Entre el 38 % de residentes en Cataluña que se consideran castellanohablantes *lo interesante sería saber* la clase social a la que pertenecen. [*La Vanguardia*, 22-4-94]	Sería interesante saber la clase social a la que pertenece el/ese 38 % de residentes en Cataluña que se considera castellanohablante.
También el servicio militar que sigue transmitiéndose a los jóvenes como una obligación cuya desobediencia está trayendo cárcel y represión a muchas personas que lo único que han hecho es denunciar y criticar públicamente esta realidad, con su propia opción personal, seguida por múltiples formas de apoyo social y colectivo expresado de forma pública y organizada. [*Heraldo*, 17-9-94. Correo del lector]	¡No me siento capaz de reconstruirla!

Podemos entender las frases de la izquierda, si nos paramos a releerlas y restituimos los lazos lógicos de significado. Pero en otros casos el anacoluto destruye la estructura de la frase hasta hacerla irrecuperable, como en el último ejemplo. Veamos otro caso de una aprendiz con carencias importantes:

> La publicidad es un mecanismo de atracción para introducir un producto, en una comunidad. Que lo conozcan y de alguna manera se haga familiar, alrededor de donde quieran mostrar el producto. Y de esta manera sea más fácil su venta. [Al]

La segunda frase carece de verbo principal y no hay manera de saber si *que lo conozcan...* es sujeto, objeto verbal o una subordinada final (que podría introducirse con *para que*). En la tercera frase, el subjuntivo *sea* exige un verbo subordinante principal. El escaso sentido que podemos extraer del fragmento proviene de la interpretación libre que podamos dar a cada palabra o sintagma inconexo.

El término *anacoluto* se utiliza a menudo de manera genérica, como sinónimo de solecismo, para referirse a todo tipo de incorrecciones sintácticas. Así, el *anantapódoton* y el *zeugma*, que trataré a continuación, pero también la silepsis, se presentan a veces como tipos específicos de anacolutos. Gómez Torrego (1993) analiza y comenta muchos ejemplos actuales de anacolutos y discordancias.

3. Anantapódoton

En griego significa «privado de la correspondencia simétrica». Es una variante de anacoluto, en el que sólo se expone uno de los dos elementos correlativos que tendrían que aparecer en la frase. Ejemplos:

El sistema permite mejorar, *por una parte*, el ruido de los vehículos y el alto riesgo de accidentes. [Gergely, 1992]

El sistema permite mejorar, *por una parte*, el ruido de los vehículos y, *por otra*, el alto riesgo de accidentes.

En los EE.UU., *los unos* querían intervenir, pero nadie quería la guerra.

En los EE.UU., *los unos* querían intervenir, pero *los otros* no querían la guerra.

125

En los EE.UU., *algunos* querían intervenir, pero *nadie* quería la guerra.

A veces puede resultar difícil diferenciar un anacoluto de un anantapódoton o viceversa, ya que los dos rompen el curso lógico de la oración.

4. Zeugma

Viene del griego *zeugma*: «que sirve para unir, enlace». Según el DRAE: «consiste en que cuando una palabra tiene conexión con dos o más miembros del período, está expresa en uno de ellos y ha de sobreentenderse en los demás». Ejemplos: «Era de complexión recia, seco de carnes, enjuto de rostro, gran madrugador y amigo de la caza», donde el verbo *era* se refiere a los cinco atributos pero sólo aparece en el primero; también: «la madre barre la sala, y la hija, el comedor».

Lázaro Carreter (1968) distingue el zeugma simple, en el que la palabra no expresada es exactamente la misma que figura en el enunciado *(Jorge compró un collar, y su hermana* [compró] *un pendiente)*, del compuesto, en que la palabra necesitaría alguna variación morfológica si fuera expresada: *El partido fue distraído y los goles* [fueron] *emocionantes,* o *Ayer corrí cuatro kilómetros y hoy* [he corrido] *seis.* Y también se puede usar el zeugma como figura retórica, con finalidades estéticas: «Cierra los ojos, las preguntas...» (Pedro Salinas: «¡Que entera cae la piedra!» en *La voz a ti debida*).

Por otra parte, el zeugma es un tipo de elipsis que evita repeticiones innecesarias, pero que puede dar lugar a regímenes irregulares y discordancias gramaticales. Algunas de las faltas típicas de zeugma son de este tipo:

Major planta cara a sus rivales y Rocard, sin opción a la presidencia. [*La Vanguardia*, 14-6-94, titular de portada]	...Rocard *no tiene* opción a la presidencia.
	...*se queda* sin opción...

Romario, que marcó tres goles y *le fueron anulados* otros dos, y Stoichkov, que *falló* un penalti y marcó dos tantos, pusieron en pie al público del Camp Nou. [*La Vanguardia*, 13-3-94, portada]

Romario, que marcó tres goles, y *al que* le fueron anulados otros dos, y Stoichkov, que *marcó* dos tantos y falló un penalti, pusieron en pie al público del Camp Nou.

Romario, que marcó cinco goles *(2 anulados)*, y Stoichkov, que *marcó* dos y falló un penalti, pusieron en pie al público del Camp Nou.

En el primer ejemplo, las dos frases coordinadas no comparten el mismo verbo *plantar,* de modo que no se puede eliminar el segundo verbo con una coma; la oración adquiere un estilo telegráfico y agramatical impropio de un escrito, aunque se trate de un titular periodístico. En el segundo, los dos relativos que complementan *Romario* tienen regímenes verbales distintos y no pueden coordinarse: *Romario marcó* (sujeto) pero *fueron anulados a Romario* (objeto indirecto); por otra parte, los otros dos relativos de *Stoichkov* presentan una asimetría con los primeros. Las dos soluciones de la derecha presentan algunos inconvenientes: la primera pierde agilidad con el doble relativo *que* y *al que,* y la segunda quizá no sea tan elegante.

Las asimetrías, o los defectos y roturas de estructuras sintácticas paralelas, también pueden incluirse en un concepto amplio de zeugma:

El procesador de textos está programado para utilizarse *en inglés y en francés*, pero no para escribir *informes castellanos*.

...utilizarse *en inglés y en francés*, pero no *en castellano*.

...escribir *informes en inglés o en francés*, pero no *en castellano*.

El banquete de la boda tenía que satisfacer *económicamente* a los novios y *al paladar* de los invitados.

...satisfacer *la economía* de los novios y *el gusto* de los invitados.

...satisfacer *el bolsillo* de los novios y *el paladar* de los invitados.

127

En estos casos no hay ninguna desconexión sintáctica, pero la construcción adquiere un importante valor estético. Las soluciones de la derecha son más fáciles de comprender y presentan un estilo más acabado.

5. Pleonasmo

Deriva del griego *pleon*: «más numeroso»; y de *pleonasmos*: «superabundancia». Se asocia con la *redundancia* y el *énfasis*, y se opone a la *elipsis*. Según el DRAE, «consiste en emplear en la oración uno o más vocablos innecesarios para el recto y cabal sentido de ella, pero con los cuales se da gracia o vigor a la expresión; v. gr. *Yo lo vi con mis ojos*». María Moliner incluye otros ejemplos: «lo escribió de su puño y letra», «entrad dentro», «subí arriba». Ambos diccionarios tratan este fenómeno con benevolencia y, aunque reconocen su carácter redundante o gratuito, no llegan a censurarlo.

Martínez de Sousa (1993) se muestra más severo y ofrece una extensa tipología de casos. Considera correctos los pleonasmos que dan mayor énfasis a la oración, «en ciertas situaciones» [sic], como *verlo por mí mismo, a mí me buscan, al fin y a la postre, nunca jamás, sea como sea, hoy en día* o *diga lo que diga*, además de los ya citados. Pero censura los siguientes ejemplos, entre otros muchos:

1. Hacer *frente* a los dos frentes.
2. *Volver a* reincidir.
3. Reiniciar *de nuevo*.
4. Este fármaco es *aproximadamente* unas diez veces más potente.
5. No ha recibido *apenas* ningún tipo de atención.
6. Tampoco *no* lo haré *nunca* jamás.
7. Elegante y grandiosa a un *mismo* tiempo.
8. *Nosotros* escribimos este libro, *yo* salí a la calle.
9. *Pequeña* vaquilla, *pequeña* miniencuesta, niño *pequeño*.
10. *La ciudad de* Magdeburgo (donde *burgo* significa «ciudad»).

En ellos las palabras en cursiva podrían suprimirse o cambiarse por otras distintas sin modificar el significado de la frase. Otros ejemplos reales:

Actualmente y en nuestros días, estas dos formas verbales «seducir» y «seducido». [Al]	*Actualmente*, estas dos formas verbales...

La sala Hortènsia Güell del Centre de Lectura *será el escenario*, mañana a las ocho treinta de la noche, *donde se realizará la inauguración* de una muestra de obras artísticas donadas a *beneficio de* Manos Unidas. [ND, 17-1-93]	*En* la sala Hortènsia Güell del Centre de Lectura *se inaugurará*, mañana a las ocho treinta de la noche, una muestra de obras artísticas donadas a Manos Unidas.

Finalmente, en el extremo del laconismo, Galí Claret (1896) muestra algunos ejemplos en los que el *anacoluto inútil* es mucho más que una repetición superflua (las cursivas y la ortografía son del original):

Un día, á eso del anochecer, una aldeana con sus dos hijos se dirigían á su casa, *caminando lentamente porque estaban muy fatigados*.	Un día, á eso del anochecer, se dirigían a su casa una aldeana y sus dos hijos.

Estando *madre é hijos* ya cerca de su casa, vieron brillar dentro de ella una lucecita *que iluminaba débilmente las habitaciones interiores*.	Estando ya cerca de ella, vieron brillar dentro una lucecita.

En resumen, si bien el concepto de pleonasmo es claro y resulta útil para mejorar la redacción, no está muy definida la frontera entre lo que debe censurarse y lo que puede tolerarse —¡o incluso lo que favorece la prosa!—. Al final, se impone el criterio subjetivo del autor. Sea como sea y digan lo que digan las gramáticas, nosotros, autores y autoras, debemos decidir por nuestra cuenta cuando escribimos una escritura tensa o cuando nos permitimos el lujo lujoso de unos cuantos pleonasmos redundantes, repetitivos y reiterados.

Hasta aquí llegan los solecismos más corrientes de la prosa. Pero estos cinco defectos no agotan las disminuciones que puede sufrir la escritura y que los escritores y las escritoras intentamos evitar. Las faltas que comentaré a continuación no atentan contra la gramática o la normativa de la lengua, aunque también aportan molestias e impurezas varias.

OTROS DEFECTOS

6. Anfibología

Viene del griego *amphibolia*, que significa *ambigüedad, doble sentido* o *incerteza*. Son frases que pueden interpretarse de dos o más maneras distintas. Ejemplos:

El deportista declaró que había ingerido sustancias prohibidas *repetidamente*. [Martín Vivaldi, 1982]	El deportista declaró *repetidamente* que había ingerido sustancias prohibidas.
Cuando el acta tiene más de una página y las hojas van sueltas, cada plana tiene que llevar la firma del presidente o del secretario, en el margen izquierdo del papel, *como mínimo*. [EFP]	Cuando el acta tiene más de una página y las hojas van sueltas, cada *una* tiene que llevar la firma del presidente, o del secretario *como mínimo,* en el margen izquierdo del papel.

En la primera frase, el adverbio *repetidamente* modifica verbos distintos según su colocación. En la segunda, la expresión *como mínimo* se refiere a la firma del secretario y, si se deja al final de la frase, puede provocar confusiones con el otro complemento: *en el margen izquierdo del papel*. Martínez de Sousa (1993; ver *ambigüedad*) ofrece una exhaustiva clasificación de los distintos tipos de anfibología y sus causas: desde el orden de las palabras, como en los ejemplos anteriores, hasta el orden sintáctico, la falta de información, la homonimia del pronombre *le* (*le conté la historia, ¿a él o a ella?*), el posesivo *su* (*Juan se encontró a Lola en su casa, ¿en qué casa?*) o la polisemia de una palabra *(su marido no* pinta *nada en casa).*

La dificultad de las ambigüedades y los dobles sentidos es que pueden ser difíciles de detectar. No resulta fácil percatarse a la vez de dos o más formas distintas de entender una frase, o descubrir aquellos puntos en los que un lector o una lectora podrán interpretar ideas distintas de las previstas. Por este motivo, es muy recomendable actuar con cautela: leer atentamente nuestro texto más de una vez y en momentos distintos, intentar anticiparnos a las posibles reacciones del destinatario, revisar el escrito, etc.

Para terminar, a ver si descubres las posibles ambigüedades de la siguiente frase:

> Una mujer californiana recuperó ayer a su hijo de dos años en el aeropuerto londinense de Heathrow después de atraer con un señuelo al padre iraquí del niño, que lo había trasladado a Irak sin su consentimiento, con la colaboración de una empresa privada de seguridad montada por antiguos agentes de la unidad antiterrorista estadounidense, Delta Force. [*El País*, 6-9-94]

7. Cacofonía

Viene del griego *kakos* («malo») y *phono* («voz»). Se refiere a la repetición casual de algunas letras o sílabas, que producen un sonido desagradable. Fíjate en la primera frase que se me ocurrió para introducir esta lista de defectos; ¡la tuve que revisar en seguida!:

Algunos de los solecismos más co*rrientes* de la prosa —que no siempre son evid*entes*— son los siete si*guientes*:

Pretende ayudar a maestros y a alumnos a encontrar utilidad, satisfac*ción*, e incluso diver*sión*, en la tarea de la corre*cción*.

Algunos de los solecismos más habi*tuales* de la prosa —que no siempre sabemos de*tectar*— son los siete siguie*ntes*:

...e incluso diver*timento*, en la tarea de corre*gir*.

8. Tics personales

Del mismo modo que cuando hablamos tendemos involuntariamente a reiterar un gesto, un parpadeo o una entonación, la prosa también refleja rutinas verbales: palabras recurrentes aquí y allá, frases calcadas, párrafos con el mismo patrón de fondo, etc. Nadie domina el infinito caudal léxico o sintáctico de la lengua; todos y todas cargamos con limitaciones expresivas. Así, los niños acostumbran a conectar las oraciones con *y*, que es uno de los enlaces más básicos.

Cuando estas ocurrencias adquieren relevancia suficiente para llegar a empobrecer la prosa, hablamos de *tics* o *vicios* de redacción. Son personales, imprevisibles, a menudo inconscientes y, a veces, difíciles de detectar. Envaran la prosa con repeticiones y reducen la variación léxica a mínimos escolares. La prosa resulta monótona e insulsa.

Los tics pueden afectar a varios aspectos de la redacción:

- Repetir una palabra o expresión (vocablos genéricos, comodines, conjunciones, adverbios...): *entonces, actualmente, así pues, desde luego, aspectos, mucho...* La palabra actúa como cuña o muleta que articula la prosa.

- Abuso de alguna estructura sintáctica: gerundios antepuestos, frases comparativas, subordinadas, profusión de adverbios o de adjetivos... Resultan más difíciles de descubrir. Al leer la prosa en voz alta o baja, se descubre una tenue musiquilla pegajosa.

- Estructuras calcadas en párrafos y textos: empezar con el mismo vocablo o expresión, abusar de los marcadores textuales, cerrar siempre los párrafos con la misma frase, etc.

- Usos poco corrientes o personales de puntuación: exceso de incisos con paréntesis o guiones, uso frecuente de los dos puntos y del punto y coma (muy por encima de lo normal), abuso de notas, asteriscos, etc.

He aquí un ejemplo real de prosa apelmazada por un tic personal, que desgraciadamente aparece en muchos documentos técnicos:

> El día 20 de noviembre el señor Xxxxxx realiza una visita con el fin de ver el estado de las obras del edificio para sala de espera y bar-restaurante de la estación de ferrocarril de Xxxxxxxx.
> Como efectivamente[1] expresan los técnicos encargados de la dirección del proyecto, podemos observar claramente[2] un retraso considerable en el ritmo del trabajo inicialmente[3] previsto. La situación se debe aparentemente[4] al incumplimiento del contratista, que subcontrató, legalmente[5] o no, la obra a otra empresa que no ha cumplido debidamente[6] la tarea encomendada.
> De hecho, el volumen de trabajo actual es escasamente[7] el producto de una semana de actividad, después que finalmente[8] el Consejo, a través del Patronato de Turismo de la ciudad, requiriera un ritmo realmente[9] efectivo al contratista. [CRIP]

¡Qué hacinamiento! ¡Y qué cacofonía permanente! Podemos preguntarnos: ¿son necesarios tantos adverbios? ¡Claro que no! Los números 1 y 9, y quizás también el 6 y el 8, no aportan datos relevantes al documento y podrían eliminarse. Los números 2, 3 y 4 pueden sustituirse respectivamente por *con claridad, al inicio* (detrás de *previsto*) y *en apariencia*. Una buena mejora para el número 7 consiste en sustituir el verbo: *no llega a* o *no se ajusta a*; o también cambiar el adverbio por *apenas*. Para terminar, el número 5 podría quedarse igual.

El mejor antídoto contra los tics es la supervisión estilística y formal de la prosa. Las repeticiones léxicas y gramaticales, como en el ejemplo anterior, son fáciles y rápidas de descubrir y de enmendar. Todos recordamos la insistente y aburrida consigna de redacción escolar, que nos prohibía repetir la misma palabra o expresión en cinco o seis líneas. Pero hay otros tics más sutiles y molestos que hacen la puñeta a las miradas más atentas y finas. Por ejemplo, ¿no te has dado cuenta del vicio sintáctico y habitual que premeditada y socarronamente he imprimido en la prosa barroca y adjetivada de este párrafo hinchado y pesado?

Si se te ha escapado, tienes otra oportunidad en este párrafo —¡pero te lo pondré difícil!—. En el anterior se pecaba tanto por el abuso de las coordinadas *y* y *o*, como también por la profusión de adjetivos. En éste, puedes buscar entre los conectores, como también en la estructura de la frase. Los tics sintácticos se camuflan tanto detrás de la variación léxica como también en esta musiquilla reiterativa que provocan. Cuesta mucho identificarlos. Se requiere una buena dosis de capacidad de observación, como también mucha flexibilidad sintáctica para modificar la frase. Si no, no hay manera de descubrir que acabo de repetir cuatro veces *como también* en un solo párrafo.

EJERCICIOS

Se trata de hallar los errores de las cuatro frases disminuidas siguientes. ¿Qué tipo de falta sufren? ¿Cómo pueden mejorarse?

1. Pienso que el alcohol se usa más que se abusa, exceptuando el fin de semana que pasa a la inversa. [Al]

2. Desde su fundación [la inmobiliaria] ha construido gran cantidad de viviendas —cerca de 6.000— en barrios muy conocidos en Málaga que curiosamente nunca han sido bautizados por la propia inmobiliaria con el nombre de Echevarría, aunque de todos los malagueños son popularmente conocidos por este nombre —caso de Echevarría de Gamarra o Echevarría del Palo—, motivo por el cual en la firma malagueña se sienten muy orgullosos. [*Sur*, 17-9-94]

3. El presidente del comité de empresa de la factoría de Astilleros Españoles de Puerto Real, Antonio Noria, manifestó ayer a este periódico que una vez transcurrido el período de verano, continuarán con la campaña que iniciaron para dar a conocer la falta de carga de trabajo que ha motivado la regulación de empleo que afecta actualmente a 100 trabajadores. [*Cádiz*, 16-9-94]

4. Tal como están las cosas, el País Valencià aumenta su aportación al producto interior bruto por encima de la media estatal —a pesar de la situación de abandono de nuestro tejido productivo—, tenemos altas tasas de desocupación y la renta familiar valenciana no se corresponde con nuestra aportación. [*Levante*, 28-1-93]

5. El norte de África es un problema permanente y seguramente al que he dedicado más tiempo desde que soy ministro de Exteriores. [*Heraldo, El Semanal,* 18-9-94]

Soluciones y comentarios:

1. Zeugma o discordancia con los argumentos verbales de *usar* y *abusar*: «se usa el alcohol» y «se abusa *del* alcohol». La frase tiene difícil solución si se quiere conservar el juego de palabras. Forzando la sintaxis, quizá se podría aceptar una de las dos:

Pienso que *del* alcohol se abusa menos de lo que se usa.
Pienso que se usa más que se abusa del alcohol.

2. Frase compleja y larga con incisos, pasivas innecesarias *(han sido bautizados, son conocidos)*, pleonasmos *(gran cantidad de, de Echevarría)*, repeticiones redundantes *(nombre, Málaga/malagueños/malagueña)* y una elipsis final de sujeto que roza la silepsis *(en la firma se sienten...)*. La prosa puede mejorar notablemente:

Desde su fundación ha construido *cerca de 6.000 viviendas* en barrios muy conocidos de Málaga, que curiosamente nunca *bautizó* la inmobiliaria con su propio nombre, aunque todos los malagueños *los conocen* popularmente por *éste* —caso de Echevarría de Gamarra o Echevarría del Palo—. La firma está muy orgullosa *de ello*.

3. ¿Cuál es el sujeto de *continuarán* y de *iniciaron*? Se trata de una *elipsis* sin referente previo (puesto que es la primera frase del texto). Quizá no podemos hablar propiamente de silepsis, porque no hay discordancia. Por el contexto entendemos que es *el comité de empresa de la factoría* o los trabajadores de ésta los que *continuarán con la campaña que...* La oración no causaría extrañeza si añadiéramos un sujeto explícito:

...el período de verano, *el comité continuará* con la campaña que *inició...*
...*los trabajadores* continuarán con la campaña que iniciaron...

4. Silepsis escondida entre, por una parte, la 3.ª persona gramatical del *País Valencià* y *la renta familiar valenciana,* con los verbos respectivos *aumenta* y *no se corresponde,* y el posesivo *su,* y, por otra, la 1.ª persona con que se identifica el autor: *nuestro tejido productivo, tenemos altas tasas* y *nuestra aportación.* Es más coherente y claro optar por una de las dos siguientes opciones:

3.ª PERSONA

1.ª PERSONA

Tal como están las cosas, *el País Valencià aumenta su* aportación al producto interior bruto por encima de la media estatal —a pesar de la situación de abandono de *su* tejido productivo—, *tiene* altas tasas de desocupación y *su* renta familiar no se corresponde con *su* aportación.

Tal como están las cosas, *los valencianos aumentamos nuestra* aportación al producto interior bruto por encima de la media estatal —a pesar de la situación de abandono de *nuestro* tejido productivo—, *tenemos* altas tasas de desocupación y *nuestra* renta familiar no se corresponde con *nuestra* aportación.

5. Zeugma forzado entre las dos partes del predicado nominal. La indeterminación de *un problema permanente* contrasta con la determinación que exige el relativo *al que,* que introduce una comparación entre todos los *problemas (es seguramente* el *problema al que he dedicado...).* Hay varias soluciones con pequeños matices de significado que también evitan la cacofonía:

El norte de África es un problema permanente y *es* quizás *el problema* al que he dedicado más tiempo desde que soy ministro de Exteriores.

...es un problema permanente al que he dedicado *mucho tiempo...*

...es un problema permanente *que me ha ocupado mucho tiempo...*

Estas discordancias gramaticales abundan en la conversación, pero es preferible evitarlas en la prosa. En este caso, la frase proviene de una entrevista oral, que probablemente el periodista grabó primero con casete y transcribió después al papel. El zeugma delata el origen oral del texto: constituye un rastro de oralidad en la redacción.

9. JUEGOS SINTÁCTICOS

¡Con tantas reglas vamos a terminar empachados! ¿No se trataba de pasarlo bien escribiendo? ¡Pues estamos bien apañados, si hay que recordar a cada momento el sinfín de normas y consejos de los dos últimos capítulos! ¡No podremos apuntar ni tres palabras sin detenernos a analizar si cumplen todos los requisitos!

Te propongo un cambio de tono. Después de tanta teoría, nos iría bien jugar un rato con la frase, y tratarla como si fuera un gato juguetón y cariñoso. Vamos a perderle el respeto y a ejercitar nuestras destrezas sintácticas. Las frases son como guantes que se giran del derecho y del revés; o juegos de construcción que se montan y desmontan haciendo cientos de castillos distintos. El escritor y la escritora deben tener la habilidad suficiente para escoger la forma más acertada de entre todas las posibles. Los siguientes ejercicios tienen como objetivo desarrollar la flexibilidad y la fluidez de la redacción.

EXAGERACIONES

Empecemos con una irreverencia. ¿Recomendé que la frase tuviera una media de menos de 30 palabras? ¡Pues vamos a componer oraciones interminables! Para los textos cotidianos, para las comidas frugales y rápidas de lunes a viernes, los períodos cortos y ligeros son más digeribles. ¡Pero también hay días festivos, como los domingos o el día de Navidad, y es costumbre y casi necesidad hartarse a tope!

Algunos autores se han hecho famosos por su estilo barroco de frases interminables. He aquí una historieta ejemplar de Thomas Bernhard (1978):

AUMENTO

En el tribunal de distrito de Wels, una mujer condenada anteriormente veinticuatro veces, que el presidente del tribunal calificó nada más abrir su *por ahora último proceso*, como escribe el periódico de Wels, de *ladrona veterana bien conocida del tribunal*, y que estaba acusada entonces del hurto de unos impertinentes para ella totalmente inútiles, que robó a una aficionada a la ópera recientemente fallecida, la cual, sin embargo, desde hacía muchos años no podía andar y, por esta razón, no utilizaba los impertinentes y, realmente, los había olvidado ya, como se reveló durante el proceso, consiguió aumentar su pena de prisión, fijada sólo en tres meses, en otros seis meses, al dar, inmediatamente después de la lectura de la sentencia por el presidente del tribunal, una bofetada precisamente al presidente. Ella había esperado por lo menos nueve meses de cárcel, porque no soportaba más la libertad, declaró.

Casi basta con una oración de unas 130 palabras para explicar una historia bastante completa. Esta primera frase contiene nueve o diez incisos largos, marcados con puntuación, más otros complementos sin marcar. Más de una vez un inciso breve se inserta dentro de otro mayor, construyendo una estructura sintáctica que parece un castillo de naipes en el aire, por su complejidad y fragilidad.

Si ya es difícil conseguir una prosa fluida con oraciones cortas, imagina qué puede pasar cuando pretendemos escribir períodos largos y complejos como el anterior. Los incisos deben introducirse en el momento oportuno, la puntuación tiene que marcar con claridad todos los giros sintácticos, las anáforas deben cohesionarse gramaticalmente, etc. ¡Es tan fácil que un pequeño detalle haga tropezar al lector y le haga perder el hilo sintáctico! Un autor tristemente famoso por este motivo es Alfons de Lamartine, el romántico francés del siglo XIX que —según explica el estudioso de la legibilidad F. Richaudeau, también francés—, en sus embrolladas oraciones, el verbo del final a veces no concuerda con el sujeto del inicio, separado por numerosos incisos, y ni el mismo autor —¡que suponemos que debía releerlo!— ni sus correctores se dieron cuenta de este error en la primera edición de sus obras; de manera que, sardónicamente, el término *lamartinismo* —continúa Richaudeau— ha pasado a designar en francés este error gramatical (que en español —me permito añadir yo entre paréntesis— denominamos solecismo o silepsis, tal como hemos visto [pág. 122]).

¡Uf! ¡Qué frase! ¡Descansa un poco, antes de empezar! En este primer juego sintáctico, hay que engordar los componentes de una frase simple, con todo tipo de complementos escogidos libremente, hasta construir una oración larga y compleja. No vale utilizar puntos y seguido ni puntos y coma, o abusar de los paréntesis. Si puedes redactar una oración con un solo verbo principal, tendrá más mérito todavía. De este modo, a partir de *El loro picó a la abuela* se puede elaborar la siguiente historia:

EL LORO	PICÓ	A LA ABUELA
verde	tres veces	octogenaria
que me regaló un	por sorpresa	dormilona
amigo	en el comedor	que se llama Teresina
charlatán	lunes por la mañana	desdentada
que sólo come pipas	desde dentro de la	que siempre se queja
tropical	jaula	porque le quitaba las
rabioso		pipas al loro

He aquí una propuesta:

El lunes por la mañana, en el comedor y desde dentro de su jaula, el verde, tropical, rabioso y charlatán loro que me regaló un amigo y que sólo come pipas picó tres veces a la octogenaria, desdentada y dormilona abuela Teresina, que siempre se queja, porque le quitaba las pipas.

Lee la frase y comprueba si se resigue sin tener que detenerse ni volver atrás. Si es así, el ejemplo funciona. Si no, es que algo falla: alguna coma o algún inciso están mal encajados.

Para redactar este tipo de frases debemos recordar algunos consejos básicos:

• Los circunstanciales de tiempo y de lugar, sobre todo si son cortos, pueden ir al principio de la frase para descargar el final.

- Hay que juntar los adjetivos y ordenarlos con criterios semánticos. Se pueden anteponer al sustantivo y dejar la parte de atrás para las relativas adjetivas, que son más largas.

- Hay que ordenar los complementos desde el punto de vista de la comprensión del lector. Vale la pena dejar los más largos al final.

Y si ya has conseguido una oración bien construida te propongo el juego inverso, que consiste en desmontar y montar el artificio, con frases distintas. Ahora tienes que transformar la frase compleja en un pequeño fragmento narrativo de oraciones cortas y ágiles.

> El lunes por la mañana el loro picó a la abuela Teresina. Es un loro verde, tropical, rabioso y charlatán que me regaló un amigo. Sólo come pipas y aquel día la abuela se las quitaba. En el comedor, desde dentro de su jaula, la bestia le picó tres veces. La abuela Teresina, octogenaria, desdentada y dormilona, que siempre protesta, aquel día se quedó perpleja.

CREATIVIDAD SINTÁCTICA

Un buen cocinero sabe preparar el bacalao con recetas variadas y una violinista puede tocar la misma partitura con variaciones infinitas. Nosotros, ¿de cuántas maneras diferentes podemos escribir el mismo mensaje? ¿Somos capaces de decir lo mismo con otras palabras, con frases nuevas, con estilos y tonos renovados? Quien puede decir lo mismo con otras palabras es libre de escoger las que más le gusten para cada ocasión, pero a quien le cuesta trabajo terminar una única versión acaba siendo esclavo de sus limitaciones expresivas y termina repitiendo tics y vicios personales.

El tercer juego consiste en escribir infinitas frases con la misma información, sin modificarla sustancialmente. Por ejemplo, a partir de un original como:

> Durante los primeros años, el Festival de Cine de Donosti servía de plataforma de lanzamiento del cine español más subvencionado y acomodado.

¿Cuántas variaciones, siempre diferentes, puedes hacer de este fragmento? Explora tu capacidad creativa. Así:

FRASE	TIPO DE VARIACIÓN
1. ¿No es cierto que, durante los primeros años, el Festival de Cine de Donosti servía de plataforma de lanzamiento del cine español más subvencionado y acomodado?	Modalidad: afirmativa, interrogativa, exclamativa...
2. En su inicio el certamen cinematográfico vasco era el escaparate de las producciones hispánicas más oficiales.	Sinónimos.
3. Servía de plataforma de lanzamiento, en los primeros años, del cine español más subvencionado y acomodado, el Festival de Cine de Donosti.	Forzando el orden de las palabras hasta el límite.
4. Las películas españolas más ricas se lanzaban en el Festival de Cine de Donosti, en sus primeros años.	Cambios sintácticos con implicaciones significativas. Los complementos hacen de sujeto y viceversa: varía el punto de vista.
5. Promocionar la industria cinematográfica oficial española era una de las utilidades del Festival de Cine de Donosti en su inicio.	Cambios sintácticos.
6. Al principio el «show» de Donosti enjabonaba y vendía las pelis españolas más enchufadas.	¡Caída repentina de registro!
7. En su inicio el Festival de Donosti apadrinaba al cine español. Los filmes más beneficiados fueron los que recibían más subvención. En años posteriores varió el enfoque del certamen.	Multiplicación de la frase en tres, añadiendo puntos y seguido.

8. Actualmente, el Festival de Donosti ya no hace tanta propaganda del cine español oficial.	Pequeñas variaciones en la información explicando lo que era implícito.
9. En aquellos años el cine español sólo contaba con el trampolín del Festival de San Sebastián para hacerse un sitio en el mercado internacional.	Variaciones de significado.

¡Y así hasta el infinito! Y aún podemos hacer otras modificaciones más atrevidas: introducir voces y personajes en la frase, transformarla en distintos tipos de texto (telegrama, instancia, poema...), utilizar tipografías diferentes, cambiar el tono, el humor, introducir ironía o ambigüedades, buscar antónimos, etc. Cuanto más rica sea la capacidad de rehacer la frase con nuevas ideas, más fácil será redactar y más creativa será la escritura.

MODELAR LA INFORMACIÓN

Las dos últimas frases nos introducen en un capítulo nuevo: la manipulación de la información. Aquí *manipular* significa trabajar los datos: desarrollarlos, ampliarlos, comprimirlos, cambiar el punto de vista, etc. Una simple variación estilística retoca inevitablemente algún matiz del sentido. De este modo, ninguna de las nueve frases anteriores dice exactamente lo mismo, o tiene las mismas presuposiciones o implicaciones discursivas. Pero cuando la modificación tiene finalidades ideológicas, se convierte en una tergiversación premeditada e interesada del contenido.

Los mejores maestros en el arte de estirar, encoger y retocar la información son los periodistas. Los locutores de radio, por ejemplo, son capaces de hablar durante cinco minutos sobre una noticia que quizá sólo ocupa dos o tres frases; pero también pueden decir mucho con el mínimo número de palabras posible, si el tiempo apremia. Parafrasean, hacen circunloquios, retoman los mismos datos con palabras distintas, mencionan las circunstancias, las valoran desde puntos de vista comunes...¡Y lo más asombroso de todo es que tú, oyente, no tienes la sensación de que están repitiendo lo mismo!

¿Tomadura de pelo? ¿Habilidad comunicativa? Un poco de todo. El último juego del capítulo consiste en jugar de esta manera: alargar las veintidós palabras anteriores hasta el máximo posible y reducirlas, también hasta el mínimo.¡Venga! A ver si puedes superar las 130 palabras de este rollo:

El Festival de Cine de Donosti ha servido de promoción internacional del cine español. Especialmente en los primeros años del certamen, las producciones españolas se exhibían y esperaban poder lanzarse en el extranjero a partir del Festival. Las películas que siempre se presentaban eran las que recibían más ayudas institucionales, es decir, las más oficiales y subvencionadas. En los últimos años este planteamiento ha cambiado y ahora el Festival ha dejado de ser una plataforma tan descarada de publicidad. Los filmes más marginales o que no han recibido tanto dinero de los organismos públicos también pueden presentarse al Festival. Y también hay otros concursos y encuentros de cinéfilos en los que se pueden presentar las nuevas obras cinematográficas españolas. No hace falta recurrir siempre a Donosti, esta conocida ciudad vasca...

Al revés, podemos prescindir de la mitad de las palabras originales en la versión reducida (trece palabras):

Al principio el Festival de Donosti hacía publicidad de los filmes españoles subvencionados.

La capacidad de atomizar o comprimir información está adquiriendo importancia a causa de las limitaciones espacio-temporales que cada vez con más frecuencia acompañan a un texto escrito. Tanto periodistas como congresistas, autores de cartas al periódico, de informes técnicos o de exámenes tienen que adecuar sus mensajes a un número determinado de líneas, de palabras o de minutos. ¡El tiempo y el espacio cuestan dinero! La escritura debe aprender a convivir con esas limitaciones.

10. NUEVE REGLAS PARA ESCOGER PALABRAS

> *La diferencia entre la palabra acertada y la palabra casi acertada es la que hay entre la luz de un rayo y una luciérnaga.*
>
> MARK TWAIN

El siguiente plato contiene nueve reglas más como las de la frase, ahora sobre selección léxica. La carne teórica se guarnece con ejemplos variados, listas y ejercicios comentados para el lector hambriento.

LAS REGLAS

1. **No repetir**

La repetición reiterada de una palabra de significado pleno (nombre, verbo, adjetivo o adverbio) en un período breve provoca monotonía y aburrimiento. No importa que sea una palabra bonita, corta, básica (*es, tiene, punto...*) o la central de un tema; o que la causa de la repetición sea una anáfora, la especificidad del término usado o la dificultad de encontrar sinónimos. Los efectos perniciosos son los mismos y no se excusa de ningún modo. Ejemplo:

REFLEXOLOGÍA PODAL

En muchas *partes del cuerpo* como son las manos, las orejas o los pies, están representados todos los *órganos* y *partes del cuerpo*. Incidiendo sobre estas zonas se pueden crear arcos reflejos que actúen directamente sobre *cualquier órgano* del *cuerpo* y que solucionen *cualquier* anomalía que exista. [Al]

En las manos, las orejas o los pies, se representan todos los órganos del cuerpo. Incidiendo sobre estas zonas se pueden crear arcos reflejos que actúen directamente sobre cualquier punto del organismo y que solucionen la anomalía que exista.

144

La preceptiva escolar de redacción consideraba una falta repetir la misma palabra en sólo cinco o seis líneas y ordenaba sustituirla por pronombres, sinónimos, un circunloquio o una elipsis. No creo que podamos dar por buena y universal una restricción tan severa, pero sí que hay que andar con pies de plomo en todo momento [pág. 132].

2. Evitar las muletillas

A nivel de expresiones, el hecho de repetir a menudo algunas palabras actúa de alguna manera como un proceso de fijación de auténticas muletillas o *clichés* lingüísticos. Personalmente, pienso que se pueden utilizar de entrada en función de llenar vacíos, a raíz de articular una frase coja —y, también, evidentemente, en base a la moda verbal del momento—, pero en cualquier caso se abusa de ellas sin motivo en el acto de repetirlas. Para empezar, he aquí las principales (como mínimo las que llevan asterisco no se consideran como muy correctas).

¿Qué ha pasado? ¿Por qué es tan complicado, lo anterior? ¡Acertaste!: está infectado de muletillas. Repásalo. ¿Cuántas has descubierto? Subráyalas. Aquí tienes el mismo párrafo limpio de clichés y vicios:

A menudo algunas expresiones actúan como auténticas muletillas o clichés lingüísticos. Se pueden utilizar para llenar vacíos o articular una frase coja —¡y también para estar a la moda verbal!—, pero demasiadas veces se abusa de ellas sin motivo. He aquí las principales (las que llevan asterisco no se consideran correctas):

*a nivel de	en cualquier caso
*a raíz de	*en función de
a través de	es evidente
*bajo el punto de vista	evidentemente
como muy	de cara a
como mínimo	de entrada
de alguna manera	para empezar

el acto de   personalmente
el proceso de   pienso que
el hecho de que   quiero decir que
*en base a

La lista podría ampliarse con comodines, palabras abstractas [ver más adelante] o expresiones innecesarias. En general, aportan poco o nulo significado, recargan la sintaxis y terminan convirtiéndose en tics repetitivos. Dan una falsa categoría «culta» a la prosa y encima, como decía, puede parecer que están de moda o que «quedan bien». Veamos dos ejemplos, una redacción de un aprendiz y el párrafo central de una carta que la dirección de una revista envía a sus lectores:

Un tema por el cual estoy interesada *es el relacionado con* los efectos que provoca la droga *a nivel* deportivo. [Al]

Estoy interesada en los efectos que provoca la droga en el deporte.

Con la intención de dar respuesta a la gran acogida que ha tenido el boletín y *con el fin de* atender a la creciente demanda, hemos iniciado una <u>nueva</u> etapa con la «Revista de CIFA» *con el fin de* abrir <u>nuevas</u> páginas *tanto a* <u>nuevas</u> propuestas temáticas *como a* <u>nuevos</u> colaboradores. *Es por este motivo* que hemos preparado *un proceso de* suscripción a la revista que nos permitirá, tal como se nos pedía últimamente, *profundizar en aquellas temáticas más actuales, de la mano de personas que estén implicadas en ellos desde todas las perspectivas...* [CIFA]

Tal como se nos pedía, «Revista de CIFA» inicia otra etapa, con más páginas, y temas y colaboradores nuevos, *con el fin de* poder atender a la gran acogida que ha tenido. Para poder conseguirlo, nos hemos visto obligados a pedir una suscripción formal a la revista...

Este último ejemplo podría figurar en una antología del disparate léxico. Hay un poco de todo: muletillas *(con el fin de, un proceso de, por este motivo,* etc.), comodines *(proceso, propuesta temá-*

tica), repeticiones léxicas *(nuevas, temáticas, atender/dar respuesta)*, redundancias *(de la mano de personas que estén implicadas en ellos desde todas las perspectivas...)*. Mi versión mejorada no tiene piedad: suprime lo vacío, remueve lo caótico y destaca lo que estaba escondido en el original.

3. Eliminar los comodines

Si el comodín es la carta que encaja en cualquier juego, la *palabra-comodín* es aquel nombre, verbo o adjetivo, de sentido bastante genérico, que utilizamos cuando no se nos ocurre otra palabra más específica. Son palabras comodín las que sirven para todo, que se pueden utilizar siempre, pero que precisan poco o nada el significado de la frase. Si se abusa de ellas, empobrecen la prosa y la vacían de contenido. Ejemplo:

Nombres: *aspecto, cosa, elemento, hecho, información, problema, tema...*
Verbos: *decir, hacer, poner, tener...*
Adjetivos: *bueno, interesante, positivo...*

Lo mejor desde el punto de vista de la *escultura* ha sido la cantidad de *esculturas* que se han *colocado* en Barcelona, cuya obra más *interesante* ha sido «La caja de cerillas», y las excelentes *esculturas* que se han *colocado* en Vic con motivo del 92: todas ellas muy *interesantes*. [*Ausona*, 31-12-92]

La insipidez de la frase está provocada por la abundancia de repeticiones (la tripleta de *escultura/s* y el doblete de *colocado*), además del doble comodín *interesante*, que no aporta ningún matiz significativo al texto. Algunos posibles sustitutos son, respectivamente: *obras, tallas, figuras...; situadas, instaladas, ubicadas, emplazadas...; sugerentes, apreciables, conseguidas, innovadoras...*

Veamos ahora cómo un mismo comodín tiene valores muy distintos según el contexto:

PROBLEMAS	SOLUCIONES
La *problemática* del racismo encabeza todos los periódicos.	• incremento, radicalización, expansión...

147

Se han planteado *problemas* de tesorería en la empresa.	• dificultades, carencias, limitaciones...
El *problema* de la escasez de lluvias son las restricciones en el suministro de agua.	• consecuencia, inconveniente, efectos...
Han modificado las disposiciones más *problemáticas* de la ley.	• discutibles, controvertidas, criticadas...

Además de los comodines profesionales, cualquier palabra genérica puede sustituir ocasionalmente a otra más concreta. La escritura de los niños, adolescentes, y también de bastantes adultos, se caracteriza a menudo por el amplio uso de hiperónimos, de vocabulario básico y de palabras que tienen correspondencia formal con otra lengua de contacto (interferencias léxicas y semánticas), mientras que los términos más específicos, más cultos o sin equivalencia en la otra lengua pierden vitalidad. Ejemplos:

Subió al *árbol* para ver el nido de *pájaros*.	*Trepó* a la *encina* para ver el nido de *gorriones*.
No encontraba *espónsor* para el *míting*.	No encontraba *patrocinador* para el *encuentro*.
El *ruido* del aparato nos *preocupaba*.	La *refregadura* del *limpiaparabrisas* nos *inquietaba*.

Natalie Golberg (1990) dice al respecto: «Sed precisos. No digáis *fruto*. Especificad de qué fruto se trata. *Es una granada*. Dad a las cosas la dignidad de su propio nombre.»

4. Preferir palabras concretas a palabras abstractas

Las palabras concretas se refieren a objetos o sujetos tangibles; el lector las puede descifrar fácilmente porque se hace una clara imagen de ellas asociándolas a la realidad. En cambio, las palabras abstractas designan conceptos o cualidades más difusos y suelen abarcar un número mayor de acepciones. El lector necesita más tiempo y esfuerzo para captar su sentido: no hay referentes reales y hay que escoger una acepción apropiada entre las diversas posibles.

Vamos a analizar un ejemplo con detalle. Lee el siguiente titular y responde a las preguntas de la derecha:

LOS UNIVERSITARIOS PLANTEARÁN A LOS CANDIDATOS PUNTOS QUE DEBEN ASUMIR

¿Qué tipo de *puntos*? ¿Se refiere a *propuestas* o *peticiones*? ¿Quizás a *cuestiones*, a *discrepancias*, a *ejercicios* o *notas*? ¿Y cómo se pueden *asumir* los *puntos*? Además, ¿a qué tipo de candidatos se refiere? ¿A qué optan?

¡Es un titular demasiado ambiguo! Una de las dificultades principales reside en el significado de *puntos*. Al tratarse de un vocablo polisémico y bastante genérico, entran en juego muchas acepciones (35 según el DRAE, sin contar sentidos figurados ni expresiones). Fíjate en este esquema (sólo incluye las más habituales):

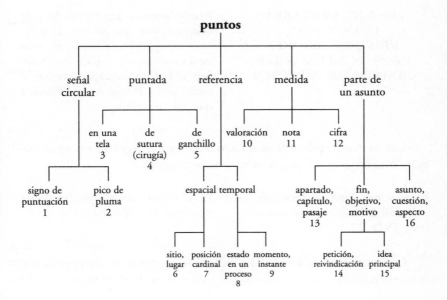

149

¿Cuál de estos significados es el adecuado para el titular anterior? El contexto (el resto de palabras, la frase, nuestros conocimientos previos) no ofrece suficientes pistas para escoger una de las muchas posibilidades. El lector sólo puede leer y releer atentamente el título, reflexionar unos segundos al respecto y construir una hipótesis de significado muy genérica o arriesgada. Obviamente, éste no puede ser el procedimiento habitual de lectura —¡y todavía menos en un periódico!—. Los titulares deben bastar para dar al instante una idea esquemática pero concreta del hecho.

En la práctica, el desarrollo completo de la noticia aclara el significado preciso de *puntos*:

> Los representantes de los alumnos de la Universidad de La Rioja (UR) en el Claustro Constituyente han elaborado de forma conjunta una serie de puntos reivindicativos que plantearán a los dos candidatos a rector, Carmelo Cunchillos y Urbano Espinoza, y que serán «innegociables» según un representante estudiantil. [*La Voz*, 15-4-94]

Se trata, pues, de la acepción número 14 del esquema anterior. El titular resultaría mucho más autónomo y comprensible si incorporara la expresión más concreta:

LOS UNIVERSITARIOS PLANTEARÁN REIVINDICACIONES INNEGOCIABLES A LOS CANDIDATOS A RECTOR

Reivindicaciones resulta mucho más comprensible que *puntos*; el adjetivo *innegociables* formula de manera más concreta la idea de *que deben asumir*; y la especificación *a rector* aclara el tipo de candidatos a que nos referimos.

Con el mismo número de diez palabras se consigue una comunicación mucho más eficaz. Veamos otro ejemplo:

El principal *factor* de desarrollo de la ciudad de Reus fue el *sector industrial*. [ND, 17-1-93]

El principal *motor* de desarrollo de Reus fue la *industria*.

La concreción de *industria* o incluso la metáfora de *motor* resultan más expresivos que los abstractos *sector industrial* y *factor*.

5. Preferir palabras cortas y sencillas

A veces la lengua nos permite escoger entre una palabra usual o una equivalencia culta, más extraña. La palabra corriente es a menudo más corta y ágil y facilita la lectura del texto. (Debemos recordar que las palabras más frecuentes y simples de la lengua suelen ser las más cortas [ver pág. 21].) He aquí algunos ejemplos de dobletes, en los que es preferible la forma de la derecha (el asterisco marca los vocablos que no aparecen en el DRAE pero que se usan a menudo):

aproximativo	aproximado
concomitancia	semejanza, parecido
concretizar	concretar
diferenciar	distinguir
disminución	baja, merma
ejemplificar	dar ejemplo
entregar	dar
explosionar	explotar
finalizar	concluir, terminar
hacer evitación	evitar
inclusive	incluso (adv.)
influenciar	influir
lentificar	hacer lento, retrasar
realizar	hacer
parágrafo	párrafo
*periodificar	*periodizar
profundizar	ahondar
*receptivizar	recibir
utilización	uso
*vehiculizar	*vehicular
visionar	ver

También es preferible evitar arcaismos como *antaño, ergo, al pronto, tengo de, su padre de usted, en verdad,* etc., que no se oyen ni se leen demasiado. Con ellos la prosa adquiere un tono vetusto y anticuado.

¿Qué palabras utilizas más a menudo en tus textos? ¿Las de la izquierda o las de la derecha? ¿Las viejas o las actuales? Ambas listas son orientativas; quizás las podrías ampliar con otros dobletes; el

151

idioma es rico en palabras, en llanezas y en complicaciones. Recuerda siempre lo que dijo el maestro: «Aquí alzó otra vez la voz maese Pedro, y dijo: "Llaneza, muchacho; no te encumbres, que toda afectación es mala."» (*El Quijote,* II, XXVI)

6. Preferir las formas más populares

La lengua también nos ofrece dos formas posibles en algunos aspectos de fonética, ortografía o morfosintaxis. En las siguientes parejas, la solución de la derecha, más llana y popular, también resulta más recomendable:

septiembre	setiembre
transcendente	trascendente
substantivo	sustantivo

El hotel de Venecia *en el cual* nos hospedamos era limpio y barato.	*...donde* nos hospedamos...

El Roses se coloca a sólo tres puntos del líder, el Vic, *al cual* visitará el próximo domingo. [HN, 26-1-93]	...el Vic, antes de visitarlo...

7. Evitar los verbos predicativos

Los verbos *ser* y *estar* recargan innecesariamente la frase. Los verbos de predicación completa son más enérgicos y claros. Otros verbos débiles que a veces podemos sustituir son *hacer, encontrar, parecer, llegar a* y *haber.*

El gobierno *es el director* de la política monetaria y *el inspector* de las instituciones financieras.	El gobierno *dirige* la política monetaria e *inspecciona* las instituciones financieras.

Las palabras largas *hacen* la frase *cargada* y *complicada*.

Las palabras largas *cargan* y *complican* la frase.

El espectáculo *tiene una duración* aproximada de 50 minutos. [DdA, 17-1-93]

El espectáculo *dura* aproximadamente 50 minutos.

La vitalidad cultural *se encuentra estancada* a causa de la crisis económica.

La vitalidad cultural se *ha estancado* a causa de la crisis económica.

Ha habido un incremento en la oferta privada de cursos de formación desde que aumentó el paro.

La oferta privada de cursos de formación *se ha incrementado* desde que aumentó el paro.

8. Tener cuidado con los adverbios en -*mente*

Los adverbios de modo terminados en -*mente* poseen algunas particularidades:

- Son propios de registros formales. El estilo coloquial prefiere los adverbios más vivos y breves. Por ejemplo:

  - actualmente, modernamente, contemporáneamente: *hoy, ahora, hoy en día*
  - antiguamente, anteriormente: *antes*
  - claramente: *de manera clara, con claridad*
  - completamente, definitivamente, totalmente, plenamente, íntegramente, absolutamente: *del todo, por entero*
  - especialmente, esencialmente, fundamentalmente, principalmente: *sobre todo*
  - excesivamente: *demasiado, mucho*
  - finalmente: *al final, para terminar*
  - frecuentemente: *a menudo, muchas veces*
  - gratuitamente: *gratis*
  - indudablemente: *sin duda*
  - inicialmente: *al principio, de entrada*
  - lentamente: *poco a poco*
  - literalmente: *al pie de la letra, palabra por palabra*
  - obligatoriamente, necesariamente: *a la fuerza*

- obviamente, naturalmente, evidentemente: *claro que*
- periódicamente: *a menudo, de vez en cuando*
- permanentemente: *siempre*
- posiblemente, probablemente: *quizá*
- posteriormente, seguidamente: *después, ahora, a continuación*
- provisionalmente, momentáneamente, eventualmente: *de momento*
- próximamente: *pronto*
- rápidamente, velozmente: *deprisa, corriendo*
- recientemente, últimamente: *hace poco*
- sensiblemente, notablemente: *bastante*
- súbitamente: *de pronto, de repente, de golpe*
- suficientemente: *bastante, suficiente*
- únicamente, solamente, exclusivamente: *solo, nada más*

[Coromina, 1991]

- Si se abusa de los adverbios en *-mente*, se recarga la prosa y se hace pesada, porque son palabras largas. En todo caso, se pueden sustituir por las equivalencias anteriores.

- Es aconsejable evitar el tic de iniciar un texto o una unidad textual mayor (apartado, página) con un adverbio de este tipo, excepto cuando su función sea la de marcador textual. Ejemplo en un inicio de párrafo:

Posiblemente es la frase que mejor define la visión presente y la voluntad de futuro.	Es la frase que *posiblemente* define mejor la visión presente y la voluntad de futuro.

- Puesto que todos ellos tienen la misma terminación *-mente* provocan cacofonías que conviene evitar. [pág. 131]

9. Marcadores textuales

Señalan los accidentes de la prosa: la estructura, las conexiones entre frases, la función de un fragmento, etc. Tienen forma de conjunciones, adverbios, locuciones conjuntivas o incluso sintagmas, y son útiles para ayudar al lector a comprender el texto [págs. 84 y 224]. La siguiente muestra es una macedonia extraída de Marshek (1975), Flower (1989), Cassany (1991), «la Caixa» (1991) y Castellà (1992). Por supuesto, es forzosamente orientativa, funcional e incompleta:

154

MARCADORES TEXTUALES

PARA ESTRUCTURAR EL TEXTO. Afectan a un fragmento relativamente extenso del texto (párrafo, apartado, grupo de oraciones...). Sirven para establecer orden y relaciones significativas entre frases:

• Introducir el tema del texto			
el objetivo principal de		este texto trata de	
nos proponemos exponer		nos dirigimos a usted para	
• Iniciar un tema nuevo			
con respecto a	en cuanto a		en relación con
por lo que se refiere a	sobre		acerca de
otro punto es	el siguiente punto trata de		
• Marcar orden			
			de entrada
			ante todo
			antes que nada
1º en primer lugar	primero	primeramente	para empezar
2º en segundo lugar	segundo		luego
3º en tercer lugar	tercero		después
4º en cuarto lugar	cuarto		además
...	...		
en último lugar		finalmente	al final
en último término			para terminar
			como colofón
• Distinguir			
por un lado	por otro		ahora bien
por una parte	por otra		no obstante
en cambio	sin embargo		por el contrario
• Continuar sobre el mismo punto			
además	después		a continuación
luego	asimismo		así pues
• Hacer hincapié			
es decir	hay que hacer notar	o sea	
en otras palabras	lo más importante	esto es	
dicho de otra manera	la idea central es	en efecto	
como se ha dicho	hay que destacar		
vale la pena decir	hay que tener en cuenta		

• Detallar		
por ejemplo	en particular	como botón de muestra
p. ej.	en el caso de	como, por ejemplo,
cfr.	a saber	baste, como muestra,
verbigracia		así

• Resumir		
en resumen	brevemente	recogiendo lo más importante
resumiendo	en pocas palabras	en conjunto
recapitulando	globalmente	sucintamente

• Acabar		
en conclusión	para finalizar	así pues
para concluir	finalmente	en definitiva

• Indicar tiempo		
antes	al mismo tiempo	después
ahora mismo	simultáneamente	más tarde
anteriormente	en el mismo	más adelante
poco antes	momento	a continuación
	entonces	acto seguido

• Indicar espacio		
arriba/abajo	derecha/izquierda	al centro/a los lados
más arriba/más abajo	en medio/en el centro	dentro y fuera
delante/detrás	cerca/lejos	en el interior/en el exterior
encima/debajo	de cara/de espaldas	

PARA ESTRUCTURAR LAS IDEAS. Afectan a fragmentos más breves de texto (oraciones, frases...) y conectan las ideas entre sí en el interior de la oración. Son las conjunciones de la gramática tradicional.

• Indicar causa			
porque	ya que	pues	dado que
visto que	puesto que	como	considerando que
a causa de	gracias a/que	a fuerza de	teniendo en cuenta que
por razón de	por culpa de		
con motivo de			

• Indicar consecuencia			
en consecuencia	por tanto	de modo que	por esto
a consecuencia de	así que	por lo cual	pues
por consiguiente	consiguientemente	razón por la cual	conque

• Indicar condición		
a condición de/que	siempre que	con solo (que)
en caso de/que	siempre y cuando	en caso de (que)
si		con tal de (que)

• Indicar finalidad		
para (que)	a fin de (que)	con el objetivo de
en vistas a	con el fin de (que)	a fin y efecto de (que)
con miras a		con la finalidad de

• Indicar oposición (adversativas)			
en cambio	ahora bien	con todo	sin embargo
antes bien	por contra	por el contrario	de todas maneras
no obstante			

• Para indicar objeción (concesivas)		
aunque	a pesar de (que) por más que	con todo
si bien	aun + (gerund.)	

Los marcadores textuales deben colocarse en las posiciones importantes del texto (inicio de párrafo o frase), para que el lector los distinga de un vistazo, incluso antes de empezar a leer, y pueda hacerse una idea de la organización del texto. No hay que abusar de ellos porque pueden atiborrar la prosa y convertirse en cuñas. [En las págs. 210-216 hay un buen ejemplo sobre su uso para comprobar el efecto que producen en acción.]

EJERCICIOS

En las siguientes frases se han camuflado todo tipo de comodines, muletillas y demás expresiones indeseables. A ver si eres capaz de rectificarlas.

1. He sabido a través de los medios de comunicación que su empresa hará los actos en la delegación de Málaga.

2. El informe hecho por los técnicos dice, a nivel teórico y práctico, los diversos aspectos sociales y económicos que tiene la industria turística de la zona.

3. Es evidente que se tendrán que tomar medidas expeditivas en función de los resultados del partido.

4. Personalmente, quisiera decir que los responsables deben llegar a valorar lo interesante de cada proyecto, en base a los objetivos propuestos y la información que se da.

5. El alcalde se hizo responsable de los elementos más importantes de la solicitud, especialmente de los que la prensa ha estado valorando como los más negativos.

Soluciones y comentarios:

1. Una muleta y un comodín:

            por

He sabido (~~a través de~~) los medios de comunicación que su empresa ~~hará~~ los actos en la delegación de Málaga.

          celebrará
          organizará
          inaugurará

2. Buen ejemplo de frase descafeinada por un exceso de comodi-nes *(hacer, decir, problemas* y *tener)*; también está la muletilla *a nivel.* Cambiando solamente esto:

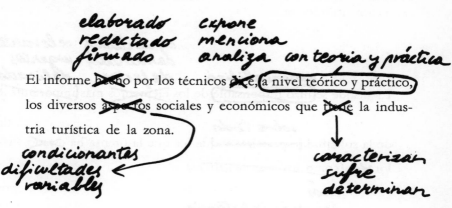

El informe ~~hecho~~ por los técnicos ~~dice,~~ a nivel teórico y práctico, los diversos ~~aspectos~~ sociales y económicos que ~~tiene~~ la indus-tria turística de la zona.

3. ¡Basta ya de muletillas redundantes!

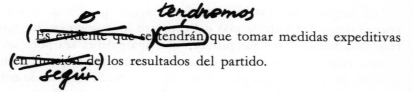

~~Es evidente que se~~ tendrán que tomar medidas expeditivas ~~en función de~~ los resultados del partido.

4. Hay tres muletillas: *personalmente, quisiera decir* y *en base a*; dos comodines: *interesante* y *que se da* (expresión que además es demasiado coloquial para la frase), y un verbo débil: *llegar a.* Por tanto:

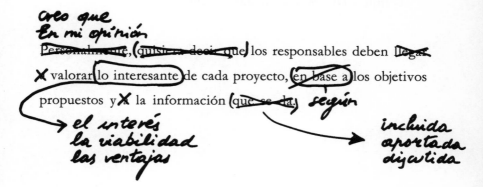

~~Personalmente, quisiera decir que~~ los responsables deben ~~llegar~~ valorar lo interesante de cada proyecto, en base a los objetivos propuestos y la información ~~que se da~~.

5. Dos verbos débiles: *hizo responsable* y *ha estado valorando,* dos comodines muy claros: *elementos* y *negativos,* y uno dudoso: *importante.* Puestos a dudar, encontramos también el adverbio *especialmente.* Resultado:

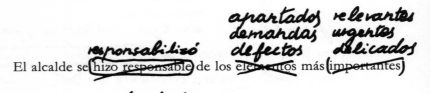

El alcalde se ~~hizo responsable~~ de los ~~elementos~~ más ~~importantes~~

de la solicitud, ~~especialmente~~ de los que la prensa ha ~~estado~~ valora~~n~~do ~~como los más negativos~~

Las reglas sobre palabras son más frágiles que las de la frase, porque dependen todavía más del contexto lingüístico en que aparece cada vocablo. Lo que provoca que una palabra sea poco adecuada, reiterativa o vacía es su situación concreta: el tipo de texto, el tema, las palabras que preceden y siguen, etc. Sería absurdo condenar para siempre las palabras de las listas anteriores. Estas reglas apuntan los abusos en los que se cae más a menudo y que, por lo tanto, hay que controlar. Pero también podríamos hallar ejemplos en los que un *problema,* un *arriba* o un *a través* son precisos e incluso necesarios.

Termino con otra «chuleta» de consejos:

CINCO CONSEJOS PARA ESCOGER PALABRAS

1. Evita las repeticiones, las muletillas, los clichés y los comodines. Ensucian la prosa y la vacían de significado.

2. Prefiere las palabras cortas a las largas, las sencillas a las complicadas, las populares a las cultas, y las concretas a las abstractas. Un vocabulario llano y vivo ayuda a comprender el texto.

3. Sustituye los verbos *ser* o *estar* por palabras con más fuerza y significado.

4. ¡Atención a los adverbios en *-mente!* ¡Que no invadan tu prosa!

5. Utiliza marcadores textuales para mostrar la organización de tus ideas.

11. LA TEXTURA ESCRITA

El autor todavía no ha llegado a escribir una prosa que no tenga forma de esponja.

GABRIEL FERRATER

Siempre pongo el ejemplo del collar de perlas para explicar la cohesión textual. Del mismo modo que una retahíla de perlas necesita un hilo en su interior, las frases del escrito mantienen múltiples lazos de unión, más o menos evidentes: puntuación, conjunciones, pronombres, determinantes, parentescos léxicos y semánticos, relaciones lógicas, etc. El conjunto de esas conexiones establece una red de cohesión del texto, la textura escondida del escrito, que le da unidad para poder actuar como mensaje completo y significativo.

Uno de estos mecanismos de cohesión es la anáfora, la repetición sistemática de un elemento a lo largo del discurso. La anáfora cose una frase con la siguiente con pronombres, sinónimos y elipsis, de forma que da al conjunto un sentido congruente. Supongamos que estamos escribiendo la historia de *un conejo* y *una zanahoria*: éstos aparecerán frecuentemente en el texto, bajo diferentes formas: *animal, bestia, mamífero, él, Ø; hortaliza, vegetal, alimento, ella, Ø.* El trabajo de la escritora y del escritor consiste en camuflar las constantes repeticiones o en ahorrarlas, si es posible, siempre que se garantice la conexión y la comprensión. Un ahorro excesivo provoca vacíos de significación y desconcierto, pero la reiteración sistemática de las mismas palabras carga la narración y le quita vigor. Al final, la anáfora se convierte en uno de los dolores de cabeza más persistentes del autor.

EL ANÁLISIS

Para mostrar los problemas —y algunas soluciones— que afectan a este aspecto de la redacción, analizaré un pequeño suceso reseñado en

162

El Correo Vasco, edición de La Rioja, del 15 de abril de 1994. Fíjate la maraña de pronombres, elipsis, referencias y otras anáforas de un texto de sólo doscientas palabras (sólo se marcan las tres anáforas básicas):

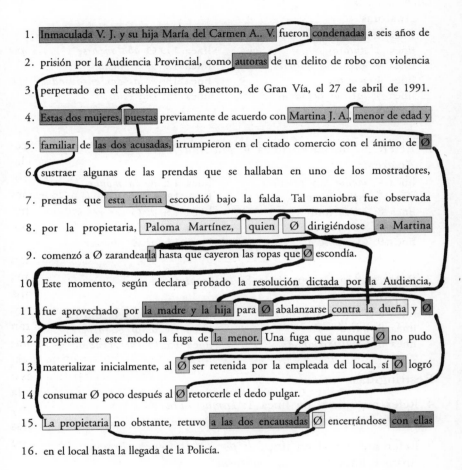

1. Inmaculada V. J. y su hija María del Carmen A.. V. fueron condenadas a seis años de
2. prisión por la Audiencia Provincial, como autoras de un delito de robo con violencia
3. perpetrado en el establecimiento Benetton, de Gran Vía, el 27 de abril de 1991.
4. Estas dos mujeres, puestas previamente de acuerdo con Martina J. A., menor de edad y
5. familiar de las dos acusadas, irrumpieron en el citado comercio con el ánimo de Ø
6. sustraer algunas de las prendas que se hallaban en uno de los mostradores,
7. prendas que esta última escondió bajo la falda. Tal maniobra fue observada
8. por la propietaria, Paloma Martínez, quien Ø dirigiéndose a Martina
9. comenzó a Ø zarandearla hasta que cayeron las ropas que Ø escondía.
10. Este momento, según declara probado la resolución dictada por la Audiencia,
11. fue aprovechado por la madre y la hija para Ø abalanzarse contra la dueña y Ø
12. propiciar de este modo la fuga de la menor. Una fuga que aunque Ø no pudo
13. materializar inicialmente, al Ø ser retenida por la empleada del local, sí Ø logró
14. consumar Ø poco después al Ø retorcerle el dedo pulgar.
15. La propietaria no obstante, retuvo a las dos encausadas Ø encerrándose con ellas
16. en el local hasta la llegada de la Policía.

Cada uno de los entramados (claro, semioscuro, oscuro) distingue una anáfora. Las flechas unen las ocurrencias de un mismo entramado entre sí y dibujan el recorrido de cada anáfora a lo largo del texto. He aquí la lista completa de anáforas:

RELACIONES ANAFÓRICAS

Básicas o generales:

1. Referente inicial en línea 1: *Inmaculada V. J. y su hija María del Carmen A. V.*
   Anáforas:

   línea 1: *condenadas*
   línea 2: *autoras*
   línea 4: *estas dos mujeres*
   línea 4: *puestas*
   línea 5: *las dos acusadas*
   línea 5/6: Ø *sustraer*

   línea 11: *la madre y la hija*
   línea 11: Ø *abalanzarse*
   línea 12: Ø *propiciar*
   línea 15: *a las dos encausadas*
   línea 15: *con ellas*

2. Referente inicial en línea 4: *Martina J. A.*
   Anáforas:

   línea 4: *menor... y familiar...*
   línea 7: *esta última*
   línea 8: *a Martina*
   línea 9: *zarandearla*
   línea 9: Ø *escondía*

   línea 12: *de la menor*
   línea 12: Ø *no pudo materializar*
   línea 13: *al Ø ser retenida*
   línea 13: Ø *logró*
   línea 14: *al Ø retorcerle*

3. Referente inicial en línea 8: *la propietaria*
   Anáforas:

   línea 8: *Paloma Martínez*
   línea 8: *quien*
   línea 8: Ø *dirigiéndose*

   línea 11: *contra la dueña*
   línea 15: *la propietaria*
   línea 15: Ø *encerrándose*

Restringidas:

4. Referente inicial en línea 1: *Inmaculada V. J.*
   Anáfora: línea 1: su *hija María del Carmen A. V.*

5. Referente inicial en línea 2: *por la Audiencia Provincial*
   Anáfora: línea 10: *por la Audiencia*

6. Referente inicial en línea 2: *un delito de robo*
   Anáfora: línea 3: *perpetrado*

7. Referente inicial en línea 3: *en el establecimiento Benetton, de Gran Vía*

Anáforas:
línea 5: *en el citado comercio*   línea 16: *en el* local
línea 13: *la empleada del* local

8. Referente inicial en línea 6: *algunas de las prendas*
Anáforas:
línea 6: *que*   línea 9: *las ropas*
línea 7: *prendas que*   línea 9: *que*

9. Referente inicial en línea 7: *que esta última escondió bajo la falda*
Anáforas:
línea 7: *tal maniobra*   línea 7: *fue observada*

10. Referente inicial en línea 9: *cayeron las ropas que escondía*
Anáforas:
línea 11: *este momento*   línea 11: *fue aprovechado.*

11. Referente inicial en línea 11: *para abalanzarse contra la dueña*
Anáfora:
línea 12: *de este modo*

12. Referente inicial en línea 12: *la fuga*
Anáforas:
línea 12: *una fuga*   línea 13: *sí logró consumar Ø*
línea 12: *que*

13. Referente inicial en línea 13: *la empleada del local*
Anáfora: línea 14: *retorcerle*

Estas trece anáforas con sus repeticiones no agotan la red de relaciones cohesivas del texto. Quedan fuera del esquema anterior los deícticos que enraízan el texto con una situación comunicativa determinada (*el establecimiento Benetton, de Gran Vía; el 27 de abril de 1991*), las relaciones temporales entre los sucesos (*puestas previamente, inicialmente, poco después, fueron condenadas, declara probado*), todo tipo de relaciones semánticas entre vocablos (*madre/hija/familiar, condenadas/prisión, delito/robo/sustraer, Audiencia/resolución/encausadas, propietaria/empleada, establecimiento/mostrador*), los conectores (conjunciones: *no obstante, y según*;

y, según; relativos: *que, quien*; gerundios; marcadores textuales: *este momento;* incisos: *como autoras...*), la determinación (*la Audiencia Provincial, un delito*), la puntuación o el orden de las palabras.

El objetivo del análisis es estudiar los recursos utilizados para ahorrar o esconder repeticiones de palabras y hacer así más digestiva la lectura del escrito. Sólo con las anáforas anteriores ya encontramos un buen número de posibilidades:

- Sinónimos o correferentes léxicos: *establecimiento/comercio/ local; dos mujeres/dos acusadas/dos encausadas; prendas/ropas; dueña/propietaria.*

- Pronombres gramaticales: personales (tónicos: *ellas*; átonos: *dirigiéndo*se, *zarandear*la, *abalanzar*se, *retorcer*le, *encerrándo*se); relativos (*que, quien*); posesivos (*su*).

- Proformas variadas: *en el* citado *comercio, esta* última, *este* momento, *de este* modo.

- Grados de determinación: la *fuga* / una *fuga* / Ø, tal *maniobra*, estas dos *mujeres*, esta *última*, algunas *de* las *prendas*, etc.

- Elipsis (marcadas con Ø):

  - Sujetos: *con el ánimo de* Ø *sustraer* (las dos mujeres); Ø *dirigiéndose* (la propietaria); *que* Ø *escondía* (la menor); *al* Ø *ser retenida* (la menor); *sí* Ø *logró consumar* (la menor).

  - Objeto directo en una estructura bimembre: *sí logró consumar* Ø (la fuga).

- Concordancia de sustantivos, adjetivos y participios: *condenadas, autoras, perpetrado, puestas... de acuerdo, menor... y familiar, observada, retenida*, etc.

Además, estos recursos tienen algunas limitaciones o reglas gramaticales que deben respetarse para que puedan actuar eficazmente. En primer lugar, sólo se pueden usar pronombres y elipsis si el elemento que se sustituye o elide ha aparecido recientemente en el texto, de manera que el lector pueda recuperarlo de su memoria para restituirlo en la frase en que no aparece. Por ejemplo, la forma *zarandear*la o la elipsis de Ø *escondía* (ambas en línea 9) remiten a *a Martina* (línea 8). Más abajo, en la misma anáfora, las cuatro elipsis seguidas de Ø *no pudo, al* Ø *ser retenida, sí* Ø *logró* y Ø *retorcerle* (líneas 12-14) también se interpretan fácilmente con el referente *la menor* (línea 12), porque éste está muy cercano y porque no hay otras anáforas con las que puedan confundirse.

Pero cuando la distancia entre el elemento referido y su sustituto o su elipsis es mayor, o cuando coinciden otros pronombres o anáforas, debemos actuar con cautela: las referencias pueden confundirse entre sí o perderse. Así, siguiendo con el mismo ejemplo, en la línea 12 se repite el atributo *la menor* (que forma parte de la anáfora original, en línea 4: *Martina J. A., menor de edad y familiar*), porque el referente más cercano posible dista más de cuarenta palabras (línea 8: *a Martina*) y el lector no puede recordarlo. ¿Qué pasaría si utilizáramos un pronombre u otra proforma en su lugar: *...propiciar de este modo la fuga de la* anterior, *la fuga de la* citada o *la fuga de* ella o *su fuga*? Pues que no sabríamos interpretar la frase: ¿de qué fuga estamos hablando?, ¿de la de la madre, de la de la hija, de la de ambas?, ¿quizás de la de la dueña? ¡Porque todas aparecen en la misma frase!

Fíjate en este otro ejemplo. Lee primero la versión original de la izquierda y el comentario que sigue, antes de repasar la solución de la derecha:

USO Y ABUSO DE LAS DROGAS

Todos tienen miedo de que su hijo entre en el mundo de las drogas, un mundo del cual muy pocos han conseguido salir. Sólo quien tiene una familia que puede comprender que ser drogadicto es una enfermedad, y tiene los medios económicos suficientes para desintoxicarse, *lo* consigue. [Al]

...salir. Sólo *lo consigue* quien tiene una familia que puede comprender...

¿Has entendido este *lo consigue* a la primera? ¿Has tenido que regresar al principio del texto para buscar su referente? ¡Es muy probable! El referente *(un mundo del cual muy pocos han conseguido salir)* está muy alejado y escondido en una subordinada. La versión de la derecha soluciona este problema juntando las dos ocurrencias de la misma anáfora.

El anverso de la moneda es el abuso de repeticiones, la infrautilización de los recursos de ahorro. En este caso la comprensión queda asegurada —¡si no se abusa!—, pero el escrito resulta redundante, lento, pesado. Fíjate en la siguiente versión del segundo párrafo del texto:

ORIGINAL	SIN ELIPSIS
Este momento, según declara probado la resolución dictada por la Audiencia, fue aprovechado por la madre y la hija para Ø abalanzarse contra la dueña y Ø propiciar de este modo la fuga de la menor. Una fuga que aunque Ø no pudo materializar inicialmente, al Ø ser retenida por la empleada del local, sí Ø logró consumar Ø poco después al Ø retorcerle el dedo pulgar.	Este momento, según declara probado la resolución dictada por la Audiencia, fue aprovechado por la madre y la hija para abalanzarse *las dos acusadas* contra la dueña y propiciar *ellas* de este modo la fuga de la menor. Una fuga que aunque *ella* no pudo materializar inicialmente, al ser retenida *Martina* por la empleada del local, sí logró *Martina* consumar*la* poco después al retorcer *Martina a la empleada* el dedo pulgar.

¡Qué confusión! ¡Qué aburrimiento! ¡Cuántas palabras y repeticiones inútiles! También se introduce alguna ambigüedad nueva.

Otra cuestión a tener en cuenta son las limitaciones y la precisión en el uso de las referencias anafóricas. Los vocablos que pretendan referirse a un mismo elemento han de compartir una base semántica (como *dueña* y *propietaria* o *establecimiento* y *comercio*) o han de poder asociarse a partir de la información del texto. Por ejemplo, interpretamos sin dificultades la *empleada del local,* porque *local* nos remite a «tienda» y, en consecuencia, al *establecimiento Benetton.* Además, es lógico y sabido que un comercio tenga empleados; forma parte del conocimiento del mundo que tenemos los lectores. Pero... ¿qué pasaría si escribiéramos *la empleada de la marca italiana* o *la empleada de la controvertida firma de moda?* ¿Podemos presuponer que todos los lectores saben que *Benetton* es una marca italiana de moda, que en los últimos años

168

ha lanzado campañas publicitarias muy controvertidas? De ningún modo; esta última solución provocaría extrañeza, como mínimo.

Otro ejemplo: ¿se entendería la noticia si dijéramos (línea 9): *...comenzó a zarandearla hasta que cayeron las bufandas que escondía* o *...hasta que cayeron los calcetines que escondía?* En el original, *las ropas* actúa como referente de *prendas* (línea 7). Al ser ambos vocablos genéricos (dos *hiperónimos*) de sinonimia parcial, los asociamos sin dificultades. En cambio, el uso de términos específicos como *bufandas* o *calcetines* (dos *hipónimos*) para referirse a su hiperónimo (*prendas*) causaría sorpresa, aunque probablemente se interpretaría sin dificultad. (Es más corriente y lógico al revés: mencionar primero el hipónimo específico, para ganar precisión de significado, y emplear después su hiperónimo para evitar repeticiones.)

Vamos a analizar un último ejemplo, un encabezamiento de *Clarín* [7-9-94]. Lee el texto y contrasta tu interpretación con la que hice yo en su momento:

> ## Dos encapuchados robaron en Tiffany joyas por us$ 1.250.000
>
> Ni las puertas de acero, ni las ventanas a prueba de balas, ni las cajas de caudales que resisten hasta la dinamita, y menos los sofisticados sistemas de alarma, sirvieron para defender a la joyería más famosa del mundo de los ladrones. Dos de ellos, muy profesionales como definió la policía, no sólo se llevaron un lote de 300 joyas sino también las cintas de vídeo de las cámaras de vigilancia. En sólo una hora terminaron con una fama de inviolable que hasta el lunes había conseguido asimilarla a Fort Knox, donde se guardan las reservas de oro de los Estados Unidos.

Mi experiencia de lectura tuvo varios tropiezos. La primera duda fue el número de atracadores que participaron en el robo. ¿Eran dos o más? El titular de *dos encapuchados* es muy claro, pero me despistó este *dos de ellos* (posiblemente un anglicismo), que implica que había más ladrones que no se llevaron joyas. Tuve que releer atentamente el texto para comprender que, en aquella frase —aunque no sea muy habitual y tenga poco sentido—, *los ladrones* se refería a todos los cacos y no a los que habían entrado en Tiffany.

Más adelante, me sonó mal *una fama* seguido de *de inviolable*.... ¿Debería ser *la fama* o *esta fama*, no? ¡Ya se ha hablado de ella! Pero me interesó mucho más el siguiente problema, que afectaba a la comprensión: ¿cuál es el sujeto de *había conseguido*? Mi primera hipótesis fue *la joyería* (los propietarios de ésta) puesto que *conseguir* prefiere sujetos animados (es más corriente que consigan cosas los seres vivos que los conceptos abstractos), y éste parece ser el significado lógico del texto. Además, el pronombre *la* de *asimilarla* también se refiere a la tienda —aunque el referente esté demasiado lejos—, y parece reforzar esta interpretación.

Sólo una relectura minuciosa me permitió darme cuenta de la verdadera estructura de esta frase. El auténtico sujeto gramatical de *había conseguido* es el relativo *que*, con el antecedente *una fama*: *una fama que había conseguido asimilar la joyería a...* Para terminar, el texto presupone que el lector tiene conocimientos previos sobre *Fort Knox* (lo cual resulta una temeridad, como mínimo para los lectores sudamericanos o españoles a los que se dirige el periódico). He aquí una versión mejorada:

...sirvieron para defender a la joyería más famosa del mundo. *Dos ladrones* (muy profesionales como definió la policía) no sólo se llevaron un lote de 300 joyas, sino también las cintas de vídeo de las cámaras de vigilancia. En sólo una hora terminaron con *la* fama de inviolable *que tenía la joyería* y que hasta el lunes la *hacía equiparable* a Fort Knox, *el edificio militar* donde se guardan las reservas de oro de los Estados Unidos.

¿Qué te parece? ¿Has seguido el mismo camino de lectura? ¡Yo me hice un lío! ¡Quizá tú no hayas chocado con tantos obstáculos como yo! Pero estarás de acuerdo en que son imprecisiones anafóricas que pueden subsanarse fácilmente, como en la versión anterior.

En definitiva, las referencias anafóricas tienen restricciones gramaticales y semánticas importantes. No podemos hacer elipsis a diestro y siniestro o sustituir cualquier palabra por un pronombre. Autores y autoras debemos respetar escrupulosamente estas limitaciones si queremos garantizarla y ahorrarte paradas súbitas, relecturas reiteradas, dudas y pérdidas de tiempo. ¿Verdad?

170

Me ha costado encontrar ejemplos singulares o relevantes de anáforas, porque estos recursos suelen hacer su trabajo en silencio. Como
el servicio de limpieza, que sólo se advierte cuando falta, los mecanismos de cohesión trabajan por debajo de la prosa, a escondidas, co-
siendo los pronombres con sus referentes para que los lectores podamos interpretarlos sin problemas. Cuando fallan, cuando se rompe un
hilo, cuando éste se enmaraña con otro, cuando se presentan dudas de
comprensión, entonces reconocemos sin dilación el valor de su tarea.

Gabriel Ferrater escribió al principio de *Les dones i els dies* (Las
mujeres y los días) la frase que encabeza este capítulo. Quizá se refería
a la calidad poética de sus textos en prosa, o quizá a la conexión entre
las frases, a los agujeros que inevitablemente contiene la prosa. En
cualquier caso, el autor supo aprovechar con inteligencia las anáforas
del siguiente fragmento (1966, prólogo a su traducción de *El procés*
de Franz Kafka), para conseguir efectos estéticos. Describe la difícil
infancia del novelista judío en la Praga multiétnica y convulsionada
de principios de siglo. La prosa se convierte en un espejo formal del
contenido, con un juego de repetición de palabras y anáforas.

Desde sus primeros años, el niño excesivamente sensible que era Franz Kafka se encontró exhortado a menospreciar e ignorar a la
gran mayoría* de la gente de su alrededor, a   * la checa
considerarse miembro de una cierta minoría*,   * la alemana
pero a no darle ningún valor, y a destinarse a
ingresar dentro de otra minoría* todavía mu-   * la judía
cho más pequeña y por la cual era menospre-
ciado. Y todo por la prescripción de su padre,
que de hecho pertenecía a la mayoría* que se   * la checa
debía menospreciar, que menospreciaba del
mismo modo la primera minoría* a la cual se   * la alemana
resignaba a pertenecer, y que casi no hablaba
la lengua de la segunda minoría* dentro de la   * la judía
cual se tenía que ingresar. ¿Qué tiene de ex-
traño, entonces, que el niño Kafka sintiera
que el mundo estaba constituido ante todo
por una ley y que la ley estaba constituida
ante todo por la imposibilidad de penetrarla y
de ajustarse a ella o de ajustárnosla?

Acabaré con otro ilustre ejemplo, convertido ahora en ejercicio. ¿Cómo sería un texto que no utilizara ninguno de estos recursos, sin pronombres, elipsis ni sinónimos? ¿Se entendería? ¡Vamos a hacer la prueba! Te propongo un texto breve muy conocido, que quizá recuerdes: la «vida» del trovador Guillem de Berguedà, escrita en catalán en el siglo XIII y adaptada al castellano actual (sin respetar las anáforas):

Guillem de Berguedà fue un gentil barón de Catalunya, vizconde de Berguedà y señor de Madrona y de Puig-reig. Guillem de Berguedà fue un buen caballero y un buen guerrero, y Guillem de Berguedà tuvo guerra con Ramon Folc de Cardona, y Ramon Folc era más rico y poderoso que Guillem de Berguedà. Ocurrió que un día Guillem de Berguedà se encontró con Ramon Folc y Guillem de Berguedà mató a Ramon Folc a traición; y por la muerte de Don Ramon Folc Guillem de Berguedà fue desheredado. Durante largo tiempo los parientes de Guillem de Berguedà y los amigos de Guillem de Berguedà mantuvieron a Guillem de Berguedà; pero después todos los parientes de Guillem de Berguedà y todos los amigos de Guillem de Berguedà abandonaron a Guillem de Berguedà porque Guillem de Berguedà ponía cuernos a todos los parientes de Guillem de Berguedà y a todos los amigos de Guillem de Berguedà, o con las mujeres o con las hijas o con las hermanas, de manera que no quedó nadie que mantuviera a Guillem de Berguedà, excepto Arnau de Castellbò, y Arnau de Castellbò era un valiente gentil hombre de aquella región. Guillem de Berguedà hizo buenos serventesios, y en los serventesios Guillem de Berguedà decía mal de unos y bien de otros, y Guillem de Berguedà fanfarroneaba de las mujeres que sufrían de amor por Guillem de Berguedà. Ocurrieron a Guillem de Berguedà muy grandes aventuras de armas y de mujeres, y grandes desventuras. Y después un peón mató a Guillem de Berguedà. Y aquí están escritos los serventesios de Guillem de Berguedà.

¡Qué embrollo! La destrucción de las anáforas entorpece la lectura y casi imposibilita la comprensión. Tienes que poner mucha atención y paciencia y, también... ¡tienes que superar el aburrimiento!

El ejercicio que te propongo consiste en reparar este estropicio, en reescribir la biografía de manera comprensible. Puedo darte algunas pistas: al original le bastan 168 palabras para contar toda la historia, pero la versión que acabas de leer contiene casi cien más: 265. La simple técnica de tachar todo lo que sea prescindible será de gran ayuda. Por ejemplo, el original sólo cita una vez, al principio, el nombre del protagonista, *Guillem de Berguedà*, mientras que en la versión estropeada aparece veinticuatro veces. Puedes eliminar muchas palabras restituyendo esta anáfora. Pero no va a ser tan fácil, porque tendrás que añadir varios pronombres, además de cambiar el orden de las palabras en algunos casos.

¡Anímate a hacerlo! Luego puedes comparar tu versión con la que dieron al mismo problema los tratadistas de poesía provenzal del siglo XIII. ¡Es todo un desafío!

ORIGINAL

«Guillem de Berguedà fue un gentil barón de Catalunya, vizconde de Berguedà y señor de Madrona y de Puig-reig. Fue un buen caballero y un buen guerrero, y tuvo guerra con Ramon Folc de Cardona, que era más rico y poderoso que él. Ocurrió que un día se encontró con Ramon Folc y lo mató a traición; y por la muerte de Don Ramon Folc fue desheredado. Durante largo tiempo lo mantuvieron sus parientes y sus amigos; pero después lo abandonaron todos porque a todos ponía cuernos o con las mujeres o con las hijas o con las hermanas, de manera que no quedó nadie que lo mantuviera, excepto Arnau de Castellbò, que era un valiente gentilhombre de aquella región. Hizo buenos serventesios donde decía mal de unos y bien de otros, y fanfarroneaba de las mujeres que sufrían de amor por él. Le ocurrieron muy grandes aventuras de armas y de mujeres, y grandes desventuras. Y después lo mató un peón. Y aquí están escritos sus serventesios.»

12. EL TERMÓMETRO DE LA PUNTUACIÓN

> *Pensamos equivocadamente que para puntuar bien solamente hay que saber qué signo debe ir en cada posición. Pero las personas que saben puntuar escriben de un modo diferente de las que no saben hacerlo. Quien entiende la coma, el punto y coma, el punto —y también los dos puntos, el guión y la interrogación— produce estructuras sintácticas distintas de quien no los entiende.*

EDWARD P. BAILEY, Jr.

Bertran del Vernet, caballero y trovador, se lo pasaba muy bien con las peleas de los nobles. En una ocasión escribió un serventesio cargado de mala intención para enfurecer a su vecino, Huguet Trencacolls, que tenía fama de hacer honor a su apellido y romper el cuello a quienes buscaban pelea. Bertran mandó a su juglar, Ocell, al castillo vecino para cantar el poema.

El juglar se dirigió asustado hacia allí, ensayando la canción y pensando algún truco. La cantó y Huguet la encontró muy halagadora. No sólo no había nada ofensivo en ella, sino que incluso le gustó y se lo agradeció con buenas palabras y regalos para el señor del Vernet. Cuando se enteró, Bertran se quedó consternado. ¿Cómo podía ser que para Huguet fuera agradable un serventesio tan escatológico y repulsivo? ¿Quizá había perdido él la gracia de molestar? ¿Ocell había cantado la misma canción que él había escrito? Ocell le juró que se la había recitado *palabra por palabra*. Y así lo hizo:

CÓMO LO ESCRIBIÓ BERTRAN	CÓMO LO CANTÓ OCELL
Ratas de estercolero, de bigotes mojados,	Ratas de estercolero, de bigotes mojados,
limazas babosas, lagartija salada.	limazas babosas, lagartija salada
En la mesa de Huguet Trencacolls	en la mesa de Huguet Trencacolls
no encontraréis mejor manjar.	no encontraréis. Mejor manjar
En abundancia os llenará el plato.	en abundancia os llenará el plato.
Hug, ¡caray!, es un puerco, no es un señor.	Hug, ¡caray!, ¿es un puerco? No, es un señor.

174

Todo esto pasa en el cuento *Paraula per paraula (Palabra por palabra)* de Maria Novell (1975), que demuestra la relevancia que puede llegar a tener la puntuación en el texto, aunque sea con un ejemplo de excepción.

En la misma línea, a finales de los sesenta los autobuses barceloneses mostraban el siguiente rótulo, colgado en la entrada del vehículo: «Exhiba abono, o pase antes de que se lo exijan», lo cual eximía de pagar tíquet si se subía con rapidez (porque debiera ser «Exhiba abono o pase, antes de que se lo exijan»). Se trata de dos ejemplos que demuestran la importancia que puede llegar a tener un minúsculo signo de puntuación.

IMPORTANCIA

No hay otro aspecto del texto tan desgraciado como la puntuación, quizás con la excepción del párrafo. Pocos hemos tenido la suerte de que se nos enseñara a puntuar en la escuela, y si se ha hecho, a menudo ha provocado confusiones perniciosas, como la de relacionar en exceso la puntuación con la entonación. Muchos libros de lengua y bastantes gramáticas la negligen. No la gobiernan reglas generales ni absolutas que puedan ser memorizadas, como por ejemplo las normas de acentuación. Y para mayor sorna, la mayoría fruncimos el ceño cuando se nos corrige alguna coma, y reivindicamos el derecho a puntuar con libertad.

No es de extrañar, pues, que la mayoría de personas alfabetizadas prescindan de este aspecto del texto o que lo consideren poco importante, y que a los estudiantes les parezca difícil aprender a puntuar formalmente. En mis cursos de redacción, cada año me cuesta trabajo convencer a los alumnos de la relevancia de la puntuación. La autoridad que me respetan durante todo el curso, se me discute en el momento de poner puntos y comas. Todo el mundo cree que su manera de puntuar, incluyendo los errores, es tan aceptable como cualquier otra. Ningún otro aspecto despierta tantas preguntas, reparos o resistencias.

A mi entender, la puntuación es como un termómetro de la escritura. Solamente echando un vistazo a los puntos y las comas de un texto, puedes aventurar una idea bastante aproximada de la calidad general de la prosa. Dos comas colocadas en el lugar adecuado

175

marcan una buena subordinada; el uso frecuente de puntos y aparte regula el equilibrio de los párrafos; en cambio, el abuso de paréntesis, la escasez de puntos y seguido o la presencia excesiva de comas sueltas son malos indicios. Los signos de puntuación se interrelacionan íntimamente con el resto de la redacción, pero, por ser tan concretos, permiten darse cuenta en seguida de los aciertos y de los errores de la prosa.

Las funciones de la puntuación son diversas: estructura el texto, delimita la frase, marca los giros sintácticos de la prosa, pone de relieve ideas y elimina ambigüedades, modula la respiración en la lectura en voz alta, etc. Las reglas de puntuación no son anárquicas ni personales, pero sí variables y no siempre simples. Puede que haya más de una manera de puntuar correctamente una oración, pero todos los manuales coinciden en condenar ciertos errores inaceptables.

En los últimos años varios manuales han empezado a ordenar esta situación caótica. Entre otros, Real Academia Española (1973), Linares (1979), Seco (1986), Marsá (1986), Casado (1988) y también Miranda Podadera (1987) y Coromina y Rúbio (1989) ofrecen información exhaustiva sobre los usos más corrientes de cada signo. En este capítulo me limitaré a hacer algunos comentarios sueltos y generales al respecto. Ah, ¡atención! Los ejemplos se han mezclado burlonamente con la exposición, como un roscón de Reyes con sorpresa. ¡Ten cuidado de que no te toque la habichuela!

JERARQUÍA DE SIGNOS

Los signos no tienen la misma fuerza, ni función, ni importancia en el conjunto del discurso. Más allá de títulos y subtítulos, la puntuación también sirve para organizar la información en capítulos, apartados, párrafos, frases, etc. Hay una estrecha relación entre signos, unidad lingüística y valor comunicativo. Según Mestres (1990):

Signo	Unidad textual	Unidad significativa
punto final	texto	mensaje
punto y aparte	párrafo	tema, capítulo, apartado
punto y seguido	oración	idea, pensamiento
punto y coma	frase, sintagma	apunte, comentario
coma, admiración, interrogación, paréntesis	inciso, aposición	añadido

Así pues, la puntuación estructura las diversas unidades del texto: el final de los párrafos, de las frases, las relaciones de subordinación entre ideas, etc. En la medida en que los signos reflejen la organización del contenido (tema central, subtema, idea, detalle), el texto se hace más coherente y claro.

Por otra parte, según cuáles sean los signos más utilizados y según en qué cantidad, se puede determinar el grado de complejidad del escrito. Una prosa llena de paréntesis, puntos y coma, guiones o dos puntos puede matizar con más precisión las relaciones entre las diversas ideas, y elabora una red intrincada de conexiones y relaciones jerárquicas. En cambio, un texto que solamente utilice puntos y seguido y comas contiene únicamente dos niveles de puntuación y forzosamente resulta más simple. Por ejemplo, los textos de los niños y de los estudiantes suelen ofrecer un repertorio de signos más bien limitado, mientras que los textos filosóficos o ensayísticos pueden presentar una puntuación mucho más compleja.

Siguiendo a M. A. K. Halliday, Luna (1992) distingue seis grados distintos de complejidad de puntuación según los signos que se utilicen:

GRADOS DE COMPLEJIDAD DE LA PUNTUACIÓN

Grado	Signos utilizados	+ simple
1.º	punto y seguido	↑
2.º	+ punto y aparte y coma	
3.º	+ punto y coma	
4.º	+ dos puntos	
5.º	+ puntos suspensivos y *etcétera*	
6.º	+ guiones, paréntesis, comillas y	↓
	recursos para resaltar	+ complejo

El autor incluye en la puntuación otros recursos gráficos paralelos como la palabra *etcétera* o el uso de la letra cursiva o negrita y del subrayado, que sirven para resaltar la prosa. Cada grado de complejidad contiene los signos de los grados anteriores, más los añadidos con el signo de la suma (+) en la línea correspondiente. Así, en el primero y más simple solamente se utiliza el punto y seguido; en el tercero, el punto y seguido, el punto y aparte, la coma y el punto y coma; y en el sexto y más complejo, todos los signos mencionados.

¿Qué grado de complejidad en puntuación suele tener tu escritura? ¿Utilizas todos los signos del esquema anterior? ¿Con qué frecuencia? ¿Abusas de alguno? ¿Cuál te resulta más difícil? ¿Por qué? Fíjate en la puntuación de tus textos y ¡anímate a sacar tus propias conclusiones!

MODA E HISTORIA

El paso del tiempo ha modificado los usos de la puntuación, hasta configurar las convenciones actuales, no exentas de hábitos y modas. El curioso cuadro siguiente (extraído de Thorndike por Miller, 1969), muestra algunas tendencias modernas:

DISTRIBUCIÓN RELATIVA DE LA PUNTUACIÓN POR CADA MIL SIGNOS

	,	.	;	:	–	()	...	¿?	¡!
SIGLO XVIII									
Daniel Defoe	718	134	121	10	4	3	0	8	2
Samuel Richardson	534	161	85	37	65	34	0	33	51
Henry Fielding	584	198	119	14	22	19	0	28	13
Jane Austen	522	270	92	6	31	4	0	2	4
SIGLO XIX									
Walter Scott	687	177	58	1	48	1	0	12	12
W. M. Thackeray	569	213	64	22	44	20	0	30	3
Charles Dickens	583	233	57	12	35	20	0	25	34
George Meredith	466	336	58	25	29	4	6	32	44
Thomas Hardy	510	323	55	9	41	6	3	31	20
SIGLO XX									
Edith Wharton	433	302	65	31	70	7	15	50	27
H. G. Wells	441	337	30	3	53	1	32	30	31
Arnold Bennett	440	368	31	20	19	8	7	37	69
John Galsworthy	447	292	61	28	58	5	1	38	70
Angela Thirkell	586	368	4	5	3	2	0	28	9

Está claro que las diferencias entre los catorce autores tendrían que explicarse a partir del estilo de cada uno de ellos, de los temas sobre los que escriben o del público a quien se dirigen. Pero no dejan de destacar las siguientes constantes:

- Cerca del 80 % de los signos utilizados son comas y puntos, en la mayoría de autores. Es decir, la coma y el punto son los signos más frecuentes y los más importantes.

- A lo largo de los tres siglos, se incrementa el uso del punto en detrimento del de la coma. También desciende el uso del punto y coma, mientras que los dos puntos se mantienen. Estos cuatro datos parecen apuntar una tendencia moderna a abreviar o cortar las oraciones.

179

- Los signos marcadores de la modalidad (interrogación y admiración) y los puntos suspensivos experimentan un aumento importante, que seguramente hay que relacionar con el incremento de los diálogos o del discurso directo.

Debemos recordar lo dicho en la presentación de la *cocina* sobre el carácter subversivo de la literatura, para evitar estrechas comparaciones entre estos resultados, basados en el análisis de obra narrativa, y los usos corrientes de puntuación en la escritura cotidiana. Pero no dejan de ser evidentes algunas coincidencias, como la de la importancia esencial de la coma y del punto, o el creciente desuso que sufre el punto y coma.

LOS MÁS IMPORTANTES

Como de costumbre los más usados son también los más difíciles. Pocos estudiantes dudan en poner o no una interrogación, pero ¿quién no ha retocado más de dos veces las comas de un texto, o ha dudado entre un punto y un punto y coma? He aquí algunos consejos:

• Punto y seguido

Si una mayúscula inicial abre un período sintáctico (una oración) el punto y seguido lo cierra. Mayúscula inicial y punto y seguido son interdependientes. Ejemplos: *Estoy leyendo un ejemplo de mayúscula inicial y punto y seguido. Se trata de ver que todas las frases que empiezan con mayúscula terminan con punto (hay que verlo también al revés). (Es decir que una y otro van siempre asociados incluso con paréntesis en medio.)*

• Comas

De entre la treintena larga de funciones que puede realizar una coma, Linares (1979) hace una distinción muy útil entre dos grupos. El primero incluye las comas que van solas, y se denomina *coma-1*; el otro abarca las que funcionan por parejas, y lleva el nombre de *coma-2*. Uno y otro se reparten todo el trabajo de la coma:

COMA-1	COMA-2
coma sola	pareja de comas

Separa ideas y conceptos:
- enumeraciones
- omisión del verbo
- fórmulas: *Señora,*
- fechas: *Córdoba, 1 de enero...*

Introduce incisos:
- aposiciones
- cambios de orden
- subordinadas
  - −circunstanciales
  - −causales
  - −relativos
- marcadores textuales

[1a]Es decir,[1b] la 1 se coloca entre dos elementos; la 2,* al comienzo y al final de un mismo elemento. Esta simple distinción,[2a] si se aplica bien,[2b] permite corregir algunos de los errores típicos,[3a] como el de comerse algún signo de la pareja coma-2.[3b] Es bastante frecuente que,[4a] quizá concentrado en la entonación o en las pausas que haría si leyera el texto en voz alta,[4b] el aprendiz se ahorre alguna coma-2,* que los incisos del texto queden camuflados,* y que el lector tenga que estar más atento para detectarlos.[5a] Por ejemplo,[5b] algunas comas que se podrían olvidar fácilmente son la *2a* de *si se aplica bien,* * la *4a*,[6a] que algunos pondrían erróneamente antes del *que* anterior,[6b] e incluso la *1b* del principio.

¡Atención! He señalado todos los signos del párrafo anterior para ejemplificar las comas 1 y 2 en uso. Llevan asterisco (*) las comas-1 y he marcado con superíndices correlativos las parejas de coma-2 (o sea: [1a] y [1b], [2a] y [2b]...). Respecto a este tipo de coma, hay que tener en cuenta que los signos más fuertes (punto y seguido, punto y coma, dos puntos...) pueden sustituir una coma de la pareja si coinciden, de modo que no se repitan dos signos como los anteriores en una misma posición. Por esta razón no hay coma en la posición 3b, que es punto y seguido, o en la 1a, que se corresponde con una mayúscula inicial.

Respetando siempre estas reglas esenciales, los autores utilizan comas y puntos con estilos diversos, buscando efectos estilísticos y literarios especiales. En algún caso rozan la subversión literaria. Compara los siguientes fragmentos:

APARICIÓN DEL ETERNO FEMENINO

Cuando quisimos recordar era verano y en el verano todo se olvida. Así que también Elke se nos olvidó a mí y al Chino junto con todo lo demás. Al Chino más que a mí porque el Chino vive al día como también, según Belinda, don Rodolfo. Yo no soy tan del verano como muchos de mi curso. Los veranos se echa siesta. Como yo no tengo sueño no me duermo, al revés que el Chino, que se queda frito. Echar la siesta da calor, además del que hace de por sí. Y las ferias están bien. Pero yo prefiero el curso. [Pombo, 1993]

NO SE CULPE A NADIE

El frío complica siempre las cosas, en verano se está tan cerca del mundo, tan piel contra piel, pero ahora a las seis y media su mujer lo espera en una tienda para elegir un regalo de casamiento, ya es tarde y se da cuenta de que hace frío, hay que ponerse el pulóver azul, cualquier cosa que vaya bien con el traje gris, el otoño es un ponerse y sacarse pulóveres, irse encerrando, alejando. Sin ganas silba un tango mientras se aparta de la ventana abierta, busca el pulóver en el armario y empieza a ponérselo delante del espejo. [Cortázar, 1976]

Los valores de la coma y el punto y seguido son muy distintos en un caso y en otro. Podríamos reescribir los textos de maneras diferentes, pero el estilo perdería la personalidad y el carácter que tiene en cada caso.

SINTAXIS Y ENTONACIÓN

Es una práctica escolar bastante habitual la de relacionar puntuación y entonación con finalidades didácticas. Se sugiere que los estudiantes se fijen en la segunda, que tienen consolidada en el discurso oral, para aprender a usar la primera en el escrito. De esta manera, a mi entender, caemos en una confusión teórica de fondo que, a la larga, termina desorientando al aprendiz y distrayéndolo de las auténticas funciones de la puntuación.

El ejemplo más banal de confusión es la correlación entre marcadores de entonación y signos de puntuación. De la misma manera que pedimos a los estudiantes que escriban ¿? y ¡! cuando en el discurso oral haríamos una pregunta o una exclamación, les proponemos que pongan una coma cuando encuentren una pausa débil o una curva ascendente de entonación, y un punto cuando encuentren una pausa larga o una curva descendente. Es decir, proponemos que se fijen en los usos orales para determinar el escrito y los estudiantes terminan escribiendo frases como las siguientes:

Las drogas, llegan a provocar adicción, y causan numerosos problemas. [Al]

- Sobra la coma entre sujeto y verbo.
- También se podría eliminar la segunda, porque la frase es corta.

Muchos «enganchados» aunque querrían curarse, no pueden porque no tienen apoyo afectivo ni dinero. [Al]

- Falta la primera coma-2 del inciso, antes de *aunque*...

No estoy de acuerdo evidentemente, con la aplicación de la pena de muerte. [Al]

- *Evidentemente* debe llevar coma delante y detrás.

Los estudiantes argumentan que, hablando o leyendo en voz alta, se hace una pequeña pausa entre *drogas* y *llegan* en el primer ejemplo, pero que no hay pausa después de *«enganchados»* ni de *de acuerdo*, en los casos siguientes, y, según los consejos que les hemos dado antes, llevan toda la razón. Los motivos para poner o sacar comas en estos ejemplos son exclusivamente sintácticos: la relación de íntima concordancia entre sujeto y verbo, o la presencia de incisos que hay que aislar entre signos; y poca o ninguna relación tienen con la entonación.

La escritura es una comunicación básicamente muda. La mayoría de textos que redactamos están destinados a ser leídos en soledad y en silencio. El lector y la lectora se enfrentan al escrito sólo con sus ojos, prescinden de las cuerdas vocales y del oído. Los hábitos de oralizar o subvocalizar (de pronunciar algunas palabras mientras leemos, aunque sea levemente y en voz baja) se consideran manías perniciosas para la lectura; son rémoras que impiden el desarrollo global de la velocidad y la comprensión lectoras.

Del mismo modo, el autor construye su texto —¡debería construirlo!— siguiendo las reglas internas del discurso escrito, que son ajenas e independientes de la comunicación oral. El período sintác-

183

tico, la modulación de la frase o la densidad léxica y gramatical de la prosa constituyen un estilo de comunicación distinto de la espontaneidad y la frescura de la conversación o del discurso. No tiene ningún sentido escribir según lo que decimos o lo que entonamos —¡a no ser que pretendamos simular o reproducir los tics del diálogo y esconder el estilo escrito de un texto!

En este último caso, estaríamos reproduciendo o transcribiendo con escritura los diálogos, monólogos y conversaciones típicos de la comunicación oral, y trataríamos de traducir la extraordinaria riqueza de matices, pausas y tonos orales con los limitados recursos que ofrece la puntuación. En este único caso podríamos hallar una cierta correspondencia entre puntuación y entonación, pero debemos entenderlo como una excepción a la generalidad.

Por otra parte, supeditando la puntuación a la entonación difundimos inconscientemente la obsoleta idea de que la escritura es una simple transcripción de la modalidad oral de la lengua, que sería el código primero y esencial. Por el contrario, la entonación y la puntuación son mecanismos de cohesión independientes y pertenecientes a dos modalidades distintas y *equipolentes* del idioma (Cassany, 1987). Por ello, es mucho más rentable y comprensible fundamentar el aprendizaje y el uso de los signos de puntuación en la observación y el análisis sintácticos.

Desusos y abusos

También podríamos decir de la puntuación que solamente se echa en falta cuando no está. Puntos y comas pasan desapercibidos si ejercen su oficio con normalidad; pero los lectores nos quejamos en seguida si están mal puestos o si hay demasiados o demasiado pocos. A menudo la falta de formación o la negligencia han conducido a los estudiantes a cometer errores por defecto o por exceso.

El primer error y el más común es olvidarse de los signos y enlazar una frase tras otra de manera que le toque al lector adivinar los perfiles de la prosa cortar las oraciones por los extremos dar sentido a las palabras y detenerse a respirar entonces la escritura se parece a una cinta de colores interminable que hay que sacar del ovillo y recortar en pequeños trozos para poder entender cómo se puede interpretar si no este fragmento.

184

El extremo contrario, error también —pero más sofisticado (¡reservado para gente complicada!)—, y también habitual, consiste en poner signos, siempre, a diestro y siniestro, cada tres palabras. La prosa, como es lógico, se convierte en muy, pero que muy —¡demasiado!— barroca, o, quizá, también, obstaculizada. El lector —y la lectora—, sin prisas, incluso voluntarioso/a, debe superar: ahora dos puntos, ahora una coma, ahora un punto y coma; como, exactamente, palos, pequeños, en la rueda. Tienes, inevitablemente, la sensación —desagradable, en el fondo— de no poder, pese a las ganas, avanzar, leer, tan rápido, y claro, como querrías.

En resumen, ni desusos ni abusos. La oración debe deslizarse fresca por la pendiente del papel, deprisa y de manera controlada, como una mancha de tinta que se escurre pendiente abajo. Los signos de puntuación deben apuntalar el camino del descenso. Puede que solamente se considere una falta la ausencia de signos o los patinazos graves (coma entre sujeto y verbo...), pero cualquier signo de más tiene también incidencia en el ritmo final del discurso.

13. NIVELES DE FORMALIDAD

> *El proceso de aprender una lengua se nos presenta como*
> *el ensanchamiento gradual del repertorio verbal [...], del*
> *conjunto de dialectos y registros que cada hablante domina.*

Isidor Marí

Lo recuerdo al mirar la agenda: ¡EXAMEN! Dejo una nota en el recibidor para avisar a mi familia: *Hoy tengo examen y llegaré tarde a cenar. No me esperéis.* Pido permiso en el trabajo para ausentarme: *...solicito permiso con el fin de poder asistir a una prueba evaluativa de mis estudios de redacción...* El justificante del profesor pone: *...certifico que... ha realizado una comprobación de la asignatura de comunicación escrita durante...* Al regresar a casa, por la noche, tomo nota en mi diario íntimo: *¡Vaya rollo ha resultado ser el examen!...* Y me acuesto con la satisfacción del deber cumplido.

¿Te imaginas una nota manuscrita, dejada en la mesita del recibidor, para la familia, con este tono: *Lamento tener que informarles que, a consecuencia de la realización de una prueba evaluativa para mis estudios de comunicación escrita, no me será posible comparecer a la cena a la hora acostumbrada?* ¡Qué risa! ¿O una solicitud para el trabajo que dijera: *¡Tengo un examen! ¡Dejadme salir antes!?* No sólo no conseguiría el permiso, sino que nos tildarían de maleducados o torpes. Cada situación requiere un nivel de formalidad distinto, adecuado al interlocutor, a la función y al texto; si no se respeta, como en los ejemplos anteriores, peligra el éxito de la comunicación y la relación entre los interlocutores. Vamos a ver: ¿qué pasa cuando nos presentamos desharrapados en una reunión de etiqueta?

El nivel de formalidad es la sal y la pimienta del escrito. Una instancia con vocablos vulgares tiene un sabor vetusto, como un bacalao salado o reseco, y una carta de amor con prosa neutra o científica aburre como un filete insípido. Pero aunque el comensal lector se percate de los sinsabores de la comida, no es nada fácil hallar el punto justo de condimentación para cada comunicación: el tono directo y picante de una nota, la sintaxis precisa de la solicitud, o la terminología técnica para un informe. Dominar la escritura significa también percibir el valor sociolingüístico de la lengua.

MARCAS DE [IN]FORMALIDAD

Todos los usuarios y las usuarias más o menos competentes de una lengua pueden discriminar los escritos formales de los informales, pero sólo los autores más conscientes del valor de las palabras saben determinar las causas de ello. La impresión global de formalidad que puede desprenderse de una instancia, o el tono más familiar de un monólogo, dependen de factores concretos y analizables: la selección del vocabulario, los usos sintácticos o los recursos estilísticos. Llamamos *marcas de [in]formalidad*, de *formalidad* o de *informalidad*, a cada uno de los elementos que otorgan al escrito su nivel de formalidad. La «impresión» global que causa un texto depende de la suma de todas sus marcas.

Por ejemplo, la frase *La Merche se largó deprisa de la habitación* puede calificarse a simple vista de familiar y muchos destacaríamos como *marcas* el uso del hipocorístico *Merche* o la locución adverbial *deprisa*. Pero un análisis atento revela más marcas de informalidad, por contraste con otras posibilidades expresivas:

	La Merche	— *Merche*	
		— *Doña Mercedes*	
		— *Señora D.ª Mercedes Sánchez*	
	se largó	— *se fue*	
		— *salió*	
		— *abandonó*	
informal			**formal**
	deprisa	— *rápidamente*	
		— *con rapidez*	
	la habitación	— *el cuarto*	
		— *el dormitorio*	
		— *la estancia*	

187

La adjudicación de formalidad o informalidad a un rasgo verbal depende de los usos lingüísticos que haga de él su comunidad de hablantes. Si una palabra como *charlar* suele utilizarse en contextos coloquiales, distendidos, entre amigos o conocidos, queda marcada con ese valor y, cuando se usa en situaciones más formales, conserva ese carácter. Además, en el diccionario mental de cada hablante este vocablo contrasta con todos los que pertenecen al mismo campo semántico y que podrían utilizarse en situaciones parecidas, con sus respectivas marcas: *conversar, hablar,* también coloquiales, y *parlotear* y *darle a la sin hueso,* vulgares; o *comunicar, argumentar, deliberar, departir,* mucho más formales.

De este modo, no existe nada neutro. Cualquier palabra, construcción o giro carga con sus propias marcas, con sus connotaciones, con la historia de los usos lingüísticos que de ellos ha hecho la comunidad hablante. En general, los rasgos informales suelen asociarse a situaciones espontáneas (conversaciones, notas personales, etc.), al lenguaje corriente y conocido, al que se ha adquirido de manera natural, por la interacción con la familia, los amigos, etc. En cambio, los rasgos formales se relacionan con el lenguaje menos popular, más culto, aprendido en la escuela con instrucción programada, y con las comunicaciones más controladas, aquellas en que los usuarios «vigilamos» más y mejor lo que decimos y cómo lo decimos.

Por otra parte, la carga formal/informal de la lengua no es un valor estable ni absoluto para todos los usuarios. No se puede trazar una frontera estricta entre lo coloquial y lo formal; más bien deberíamos entender estas variaciones como un contínuum paulatino, como una escala de colores. La valoración varía a lo largo de la historia: construcciones como *vos* y *vostro,* muy corrientes siglos atrás, suenan hoy formales e incluso extrañas. También cambia con la geografía: por ejemplo, *liviano* es más coloquial que *ligero,* y *prieto* lo es más que *oscuro* o *negro,* en el español de América, al revés de lo que ocurre en la península. Pero incluso en un mismo lugar y espacio, cada individuo tiene una experiencia lingüística distinta (origen, viajes, migraciones, nivel de estudios, etc.), que le da un conocimiento personal y parcial de las marcas de [in]formalidad.

Vallverdú (1987) preparó un curioso ejercicio para valorar el conocimiento que tenía un grupo de correctores lingüísticos de las marcas de formalidad del catalán. Se trata de una buena práctica para desarrollar la sensibilidad sociolingüística sobre estas cuestiones y para tomar conciencia de algunas de las marcas más habituales. La siguiente propuesta es una adaptación al castellano de la idea original. Para cada frase, debemos decidir si es formal (F) o informal (I) y subrayar las marcas que lo determinan. ¡Anímate a intentarlo! Luego vienen las soluciones.

1. Si no quieres eso, dalo.
2. Pese a las intensas investigaciones, no las han localizado.
3. Olvidaros, dejarlo correr.
4. Súbitamente, la revuelta se propagó por todas las provincias del país.
5. No pensaba llamarlo.
6. Están la mar de contentos.
7. ¿Manzanas?, las compra a montones la María.
8. Comprendió las razones por las cuales no había sido admitido.
9. Si se da cuenta, ya la has liado.
10. El lunes partirán en dirección a Nueva York.

He aquí el análisis y los comentarios de cada frase:

1. Informal. La forma *dalo* se considera incorrecta porque carece del objeto indirecto *se: dáselo*. Otras marcas son el demostrativo neutro *eso*, con un cierto matiz despectivo además de impreciso, que en un estilo más formal sustituiríamos por una expresión más específica *(el libro, el objeto, el yogur...)*; el tratamiento de *tú*, que contrasta con el *usted*.

2. Formal. La selección léxica es bastante culta y homogénea. Podemos usar soluciones mucho más familiares: *búsqueda* por *investigaciones; encontrado* por *localizado;* o *muchas* o *bastantes* por *intensas. A pesar de* o *aunque* también son más corrientes que *pese a*. En conjunto, la misma frase con bastante menos formalidad podría ser: *Aunque las han buscado mucho, no las han encontrado.* Fijémonos que la subordinada verbal introducida por *aunque* suena mucho más coloquial que la nominal con *pese a*.

3. Informal. Es coloquial el uso del infinitivo *olvidar* y *dejar,* en lugar del imperativo que correspondería a la frase: *olvidaos, dejadlo.* También tiene claras connotaciones informales la expresión *dejarlo correr.*

4. Formal. *Súbitamente* y *propagó* tienen equivalencias coloquiales en *de golpe* y *expandió, extendió* o *llegó,* de más a menos formal. Posiblemente en un estilo familiar seríamos menos precisos y diríamos: *por todas partes del país, por todas partes* o *por todo el país.*

5. Formal. El pronombre de persona masculino *lo* es bastante menos frecuente que el equivalente *le,* en este contexto; se trata del leísmo de persona, unánimemente aceptado.

6. Informal. La expresión *la mar de* tiene claras connotaciones expresivas y coloquiales.

7. Informal. La expresión *a montones* es propia de la conversación, además de la anteposición y la repetición del objeto directo *manzanas.* El orden de las palabras también remite a un discurso dialogado improvisado.

8. Formal. El relativo culto *por las cuales* y la construcción pasiva *no había sido* destacan como marcas muy formales y poco habituales en el lenguaje cotidiano. Además, también podríamos considerar soluciones más bien formales el verbo *comprender* en vez del más coloquial *entender* o el uso de *las razones* en plural. Una versión mucho más coloquial sería: *Entendió por qué no lo habían querido* o *por qué no lo quieren.*

9. Informal. La expresión *ya la has liado* resulta muy popular. Algunas curiosas equivalencias formales de la frase podrían ser: *Si descubre el hecho, no habrá ninguna posibilidad* o *Si se fija en ello, habrá terminado el juego.*

10. Formal. El verbo *partir* con la acepción de *irse* o *marcharse* no es muy habitual. La locución *en dirección a* también resulta mucho más formal que la corriente *hacia.*

La oposición formal/informal se cruza con la de específico/general. Fíjate en las siguientes expresiones paralelas: *responder a un test* o *resolver una ecuación*. Tienen el mismo nivel de formalidad que *realizar una prueba*, muy por encima de *redactar o escribir un examen*, y todavía más alejada de la coloquial *hacer el examen*. Pero las dos primeras son bastante más especializadas que el resto, porque detallan el tipo concreto de prueba evaluativa y el acto específico de realizarla.

Siguiendo el ejercicio anterior, pero incorporando otras fuentes, he resumido en el siguiente esquema algunas de las marcas de [in-] formalidad más corrientes del castellano actual:

MARCAS DE [IN]FORMALIDAD

COLOQUIALES

FORMALES

Sustantivos
- Reducciones consonánticas: *setiembre, conciencia, trascendente, trasmitir, sustantivo, oscuro.*
- Abreviaciones: *mili, poli, bici, mates, uni, bocata, mami, profe.*

- Forma sin reducción: *septiembre, consciencia, transcendente, transmitir, substantivo, obscuro.*
- Formas originales: *servicio militar, policía, bicicleta, matemática, universidad, bocadillo, madre o mamá, profesor.*

- Hipocorísticos: *Merche, Pili, Teo, Dani.*
- Comodines: *cosa, eso, fulano, esto, tema.*

- Formas completas: *Mercedes, Pilar, Teodulo, Daniel.*
- Uso de vocablos más precisos y específicos.

Pronombres
- Combinaciones dialectales: *dalo, le vi a la tía* (País Vasco), *la dije* (septentrional).
- Leísmo aceptado: *le he visto* (a José).
- Leísmo no aceptado: *le he visto* (a María).
- Loísmo, laísmo: *lo dio un regalo, la di el paquete.*

- Combinaciones normativas: *dáselo, vi a la tía, le dije.*
- Sin leísmo: *lo he visto* (a José).
- Forma normativa: *la he visto* (a María).
- Formas normativas: *le dio un regalo, le di el paquete.*

191

- Formas proclíticas: *se lo quiso preguntar, la va a cantar, nos lo quería dar* (y también un triste ejemplo que dio la vuelta al mundo el 23-2-1981: *«se sienten, coño...»*).
- Formas neutras: *eso, esto, aquello.*
- Relativos más usuales: *el chico, que vino a verme...; lo que significa que...; el hijo del cual llamó a la puerta (su hijo, que llamó...).*

- Formas enclíticas: *quiso preguntárselo, va a cantarla, quería dárnoslo, siéntense.*

- Formas más específicas para cada contexto.
- Formas cultas: *el chico, el cual vino a verme...; lo cual significa que...; cuyo hijo llamó a la puerta...*

Verbos
- Participios analógicos: *elegido, imprimido.*
- Uso de perífrasis de futuro: *voy a ir, va a cantar.*
- Infinitivo con valor de imperativo: *a callar, marcharos.*

- Participios latinos: *electo, impreso.*
- Futuro morfológico: *iré, cantará.*
- Imperativo morfológico: *callad, marchaos.*

Adverbios
- Formas populares: *deprisa, de gratis, de golpe, mayormente* [ver pág. 152].

- Formas en *-mente*: *rápidamente, gratuitamente, súbitamente.*

Conectores
- Polisemia de algunos conectores. Por ejemplo, *que,* además de conjunción y relativo, actúa como conector general:
  - Objeción hipotética en forma interrogativa: *¿que riñes?, ¿que te vas?*
  - Introduce estilo indirecto sin *verbum dicendi: que no quiere, que vendrá mañana.*
  - Conjunción explicativa, de justificación: *que me molesta.*
  - Uso con valores de *como que, pues, que.*

- Uso de conectores y fórmulas más específicos:

- *¿es verdad?, ¿es cierto que te vas?*

- Sin elipsis: *dice que no quiere, me dijo que vendrá mañana.*

- Conjunciones habituales: *porque me molesta, ya que causa molestias.*

Otros aspectos

- Estilo verbal: *aunque las buscamos mucho...; cuando llegaron la gente gritó...*
- Orden de las palabras más flexible.

- Uso general de formas activas.

- Muletillas: *o sea, pues, entonces, a nivel de.*
- Onomatopeyas, interjecciones, frases hechas, refranes.
- Fórmulas de conversación: *a ver, allá tú, venga.*
- Fórmulas de referencia oral: *lo que te dije, lo que te acabo de decir, te lo di antes.*

- Sintaxis irregular: anacolutos, oraciones sincopadas, discordancias gramaticales (silepsis, zeugmas).

- Estilo nominal: *a pesar de la búsqueda intensa...; a su llegada la gente gritó...*
- Orden de las palabras más fijo: sujeto-verbo-objeto-complementos.
- Uso más frecuente de formas pasivas.

- Fórmulas de referencia escrita: *lo que mencioné más arriba, en la página XX, tal como comenta el capítulo XX* (§ 44).
- Sintaxis regular: oraciones completas, grado superior de gramaticalidad.

CORRESPONDENCIA

La variación de formalidad afecta a todos los aspectos textuales, además del léxico y de la morfosintaxis. Desde la caligrafía o la presentación hasta la organización de la información o el estilo retórico, todo se adapta a cada situación comunicativa, como un camaleón que se camufla en cada paisaje. De este modo, una carta íntima es fresca, personal, desordenada, con grafía espontánea, original (parecida al payaso de la literatura); mientras que una carta comercial repite los modelos estructurales y la fraseología típicos fijados por el uso.

El nivel de formalidad adquiere mucha relevancia en la correspondencia, porque autor y lector se interpelan el uno al otro por medio de la escritura. Las cartas, las solicitudes o las felicitaciones reflejan la interrelación entre ambos, como también los factores que condicionan la comunicación (estatus social, propósito, tipo de texto). Veámoslo en las tres cartas siguientes, que podrían haberse extraído de un periódico cualquiera:

193

1

Sr. director:

Acabo de leer una carta del periódico Avui, fechada el 6 de setiembre de 1984, en la cual se manifiesta que el presidente de TUI, Paul Schwarts, principal operador del turismo alemán, sobre todo en las Islas Baleares, afirma que la degradación del paisaje, el medio ambiente y la limpieza de las islas hace que los turistas se muestren críticos.

Después de haber visitado estas maravillosas playas, estoy completamente de acuerdo con su opinión y pienso que se tendría que evitar rápidamente la paulatina degradación ambiental; si no, pronto no vendrá ningún turista.

Un turista alemán [DA]

2

Sr. director:

En el periódico Avui, con fecha 6 de setiembre, leí esta frase: *«Antonio Berenjena lleva a su bella mujer, María Calabacín, a montar a caballo.»* Me extrañó que se considerara noticia el hecho de que una pareja vaya a montar, esto por una parte. Y por la otra, el hecho de que los periodistas tengan siempre tendencia a poner adjetivos calificativos a las personas de sexo femenino.

Y yo me pregunto: ¿por qué no al revés?: *«María Calabacín lleva a su hermoso marido a montar a caballo.»*

Un ama de casa [MTS/DCo/AC]

3

Sr. director:

Ya es hora de que empiece a ligar que está aburriendo al personal con un periódico tan chorra. Las informaciones del día 6 sobre el Julio Catedrales y la María Nerviz son temas que no enrollan a la peña. No gaste guita escribiendo sobre historias pachangas y dedíquese a hablar de gente más legal.

Me la trae floja que el medio mierda del Julio Catedrales se enrolle con la cursi de la Brooke Shields o que la María Nerviz dé la paliza a los carrozas que la siguen. Hay temas más guays.

Y paso de añadir nada más.

Un punqui [VC/PF]

¡Uau! ¡Qué diversidad! Los textos no son auténticos aunque puedan parecerlo, sobre todo los dos primeros. Los elaboraron aprendices de redacción atendiendo a la siguiente instrucción: a partir de un rol determinado, otorgado previamente *(turista alemán, ama de casa y punqui)*, se tenía que escribir una carta para la sección *Cartas al director*, comentando alguna noticia del periódico [*Avui*, 6-9-84]. Aunque no se trataba de un ejercicio premeditado de formalidad, los estudiantes tenían que adaptarse a su nueva identidad y utilizar el lenguaje apropiado a las circunstancias. Las cartas muestran un variado caudal de recursos de formalidad. Fijémonos en ello:

Los tres textos mantienen una misma estructura de cita de la noticia original y del tema, comentario personal y conclusión o cierre; pero la [in]formalidad, el estilo y la selección de la información varían notablemente. Por ejemplo, sólo en la simple referencia a la fecha del periódico ya se pierde información según el grado de formalidad:

1. *...una carta del periódico* Avui, *fechada el 6 de setiembre de 1984,...*
2. *En el periódico* Avui *con fecha 6 de setiembre...*
3. *Las informaciones del día 6...*

El primer texto es el más formal y diplomático. Una sintaxis compleja y cargada de incisos permite precisar todos los detalles del contenido. Cada párrafo consta de una única oración principal; no hay puntos y seguido. Las marcas de formalidad abarcan desde la variación léxica *(manifiestan, afirma, se muestren críticos)*, los adverbios cultos *(completamente, rápidamente)* o la adjetivación literaria *(maravillosas playas, paulatina degradación)*, hasta el uso de relativos cultos: *en la cual*.

El segundo resulta bastante más familiar: combina algunas soluciones formales con otras más coloquiales. Entre las primeras debemos notar las expresiones *el hecho de que, por una parte, por la otra* o *tengan tendencia a poner adjetivos calificativos* (en vez de la equivalencia más corriente *acostumbrar a comentar/calificar*). También son rasgos coloquiales el estilo directo y la introducción de voces distintas (contra la explicación indirecta monologada), el uso de interrogaciones retóricas, o la sintaxis breve y llana, casi sin incisos.

La escasa verosimilitud de la tercera carta proviene del contraste: un periódico raramente publicaría un escrito tan vulgar, en el que incluso se llega al insulto desnudo, ni un punqui posiblemente estaría in-

195

teresado en escribir una carta parecida —¡que no se ofendan los punquis!—. Pero se trata de un buen ejercicio de redacción y creo que está bastante bien resuelto. Expresiones vulgares y de argot *(empezar a ligar, la peña, gastar guita, gente más legal...)* e insultos *(me la trae floja, cursi, medio mierda, paliza)* se ponen al servicio de oraciones directas, cortas, ágiles, que dan al texto un tono cáustico y espontáneo.

Un último ejemplo nos introduce en un terreno delicado: la formalidad es una parte de la educación social. Dicho de otro modo, la urbanidad o las buenas maneras también enseñan —¿enseñaban?— cómo debemos dirigirnos a cada persona en cada situación. Por suerte, la comunicación actual no sufre la rigidez de antaño. Pero tampoco hace tanto tiempo que se escribían aquellas cartas de sociedad tan elegantes y protocolarias. Fíjate en esta joya, extraída de un manual de correspondencia amorosa (Nogales, sin fecha):

De un viudo de cierta edad
a una joven soltera

Señorita: Aunque con pocas esperanzas de éxito, dada mi edad y condiciones, la gracia y la gentileza de usted me han cautivado hasta el punto de que, saltando por todos los obstáculos morales que hasta hoy me han detenido, me atrevo a dirigirme a usted pintándola, aunque con lívidos colores, el fuego de esta pasión, algo tardía, es cierto, pero no exenta de firmeza y de lealtad, unidas a una decisión inquebrantable de hacerla mi esposa.

Tras largas vacilaciones y dudas, tras largos temores e incertidumbres, hoy llego a usted con la firme pretensión de hacerla mi esposa, pues de todas las mujeres que he conocido, ninguna me ha parecido tan digna de ocupar el puesto de la que fue compañera de mi vida, y Dios fue servido de arrebatarme.

Esta circunstancia será para usted una garantía, si no de vehemente y apasionada felicidad, por lo menos de seriedad, pues, dadas mis condiciones, no me está permitido perder el tiempo en insulsos galanteos.

Quede, pues, firme el jalón de lo que puede ser para los dos el comienzo de una vida tranquila y sin desvelos, y esperando su respuesta en sentido afirmativa, le ofrece la expresión de su admiración respetuosa.

Pedro.

¡Qué delicia! Al margen de las costumbres sociales de otros tiempos que se reflejan en la carta (declararse formalmente, mantener correspondencia...), destaca el estilo retórico de la prosa. Cada idea se formula con un barroquismo y una retórica —¡o una cursilería!— que hoy nos sorprenden. Fíjate en esta doble columna:

EXPRESIÓN	SIGNIFICADO
...*la gracia y la gentileza de usted me han cautivado hasta el punto de que...*	la amo tanto que
...*pintándola, aunque con lívidos colores, el fuego de esta pasión, algo tardía, es cierto, pero no exenta de firmeza y de lealtad, unidas...*	contándole mis sentimientos apasionados
...*hoy llego a usted con la firme pretensión de hacerla mi esposa...*	la pido en matrimonio

Notamos la delicadeza del estilo en la adjetivación refinada *(lívidos colores, insulsos galanteos, decisión inquebrantable...)* o, también, en el curioso uso que se hace de los incisos, para «esconder», para decir sólo de manera velada, sin darle importancia —y la lectora que los entienda, si quiere y puede—, algunos detalles importantes para el caso: ... *los obstáculos morales que hasta hoy me han detenido...* (me pregunto: ¿a qué *obstáculos* se refiere?, y todavía más, ¿cuánto tiempo hace que el autor siente estas pasiones en silencio?), ...*si no de vehemente y apasionada felicidad...* (obviamente, está hablando de lo que no puede ofrecer a la dama por *edad y condiciones*, ¿a qué se refiere?..., mejor no imaginarlo). Me paro aquí porque ya me estoy pasando bastante de lo lingüístico.

Acabo con un pequeño florilegio de disfraces. Se trata de modificar el nivel de formalidad de las cartas anteriores, cambiando el contexto comunicativo en el que surgieron. Así, un punqui alemán escribe sobre ecología en las Islas Baleares y las dos amas de casa se quejan del periódico:

Escucha tío:

El otro día leí la carta del que controla el rollo turístico. Vomitaba que las Islas se están pudriendo. He paseado por sus playas y me apunto al rollo este, tío. Si no sacáis pronto la mierda, la peña emigrará a la China.

Un punqui alemán [Al]

Sr. director:

Me dirijo a usted, como máximo responsable del periódico *Avui*, para manifestarle mi más absoluto desacuerdo con la iniciativa que está tomando al publicar noticias, como las fechadas el día 6 de setiembre de 1984, sobre los cantantes Julio Catedrales y María Nerviz.

Creo que los lectores nos merecemos otro tipo de informaciones, que no incluyan los devaneos amorosos de los famosos —entre otras cuestiones—, dado que para eso ya existe la llamada prensa del corazón. Sería conveniente que su publicación adoptara un punto de vista más serio, y que prestara más atención a temas culturales, políticos, sociales, de ámbito nacional e internacional.

Confío en que tenga presente esta opinión en el futuro.

Atentamente,

Dos amas de casa [Al]

14. LA ORATORIA DE LA PROSA

O cómo se envuelven los escritos con papel de regalo y lacitos de colores.

Este capítulo trata de la retórica. El objetivo del capítulo es enseñar a los lectores cómo pueden utilizar recursos retóricos en sus escritos. La cuestión es que escribir bien no es nada fácil. La razón de que escribir bien no sea fácil es que muchos escritores y escritoras cometen algunas faltas básicas. La falta más básica que cometen es ser repetitivos. La otra falta básica que cometen es repetir cada punto. La siguiente falta básica es ser redundante o ser demasiado pesado, o continuar escribiendo hasta el punto de que un punto que ya ha sido explicado debe ser explicado de nuevo para estar seguros que se haya entendido este punto preciso. Otra falta básica importante es empezar casi todas las frases con los mismos determinantes (*el, la, este...*). ¡Y así sin parar!

Otra cuestión es que, para garantizar la motivación lectora de la audiencia hasta el final del escrito, tiene que producirse una intensa interacción entre autor y lector, a través del medio comunicativo de la prosa, para que el receptor active su conocimiento del mundo y pueda conseguir una construcción del sentido del mensaje. La organización textual de la prosa que haga el autor tiene que estimular los focos perceptivos del lector y debe conectar con su experiencia personal, de modo que pueda proyectar en el texto su concepción del mundo y pueda, así, representarse mentalmente y de manera única y activa, el universo semántico del escrito. En el discurso oral espontáneo este tipo de construcción interactiva y compartida de significados se realiza con copresencia espacio-temporal de los interlocutores verbales y con plurigestión textual, pero en el discurso escrito el contacto lingüístico se vehicula a través de la prosa, y el diálogo autor-lector se articula necesariamente en el pensamiento de cada uno. Es evidente, ¿verdad?

¿Todavía estás aquí? ¿Aún estás leyendo? ¡Gracias! Te agradezco la paciencia. He querido mostrarte lo que no debería escribirse nunca. Son ejemplos de prosa amodorrada, vacía, gris. Escribe con ese estilo, si quieres deshacerte de tus lectores y lectoras, si quieres que pierdan el tiempo, que tengan que aperrearse en comprender el sentido profundo de tus palabras. Cuando no tengas nada que decir, cuando sea poco o nada interesante, o cuando prefieras que nadie te siga... utiliza las palabras de este modo y nadie resistirá una paliza parecida. ¡Todos te abandonaremos! [Doy gracias a Greif (1969) por la idea y ahora sí que, de verdad, empieza el capítulo.]

Nueva introducción

Durante una temporada asesoré una revista de información económica, editada por una entidad financiera. Mi trabajo consistía en formar a sus redactores y sugerir mejoras lingüísticas. Tuve que leerme bastantes artículos sobre temas como la declaración de renta, los planes de ahorro, las inversiones, los seguros... —que, sea dicho en voz baja, en aquel momento... ¡no me atraían en absoluto!

La mayor parte de escritos respondía al perfil previsible de revista casi especializada: textos técnicos, espesos, cargados de conceptos y terminología, con una sintaxis tortuosa..., que exigían un esfuerzo importante de lectura y que, al final, se convertían en soporíferos y crípticos. Pero de vez en cuando espigaban algunos artículos que se leían con fluidez, que despertaban curiosidad e, incluso, que al final —¡con no poca sorpresa mía!— llegaban a interesarme. Echabas una ojeada a las primeras líneas y te sentías arrastrado a seguir la prosa hasta el final, como si se tratara de una novela negra.

Todos los artículos cumplían unas mínimas condiciones de calidad, porque pasaban por una corrección minuciosa: eran normativos, con buena puntuación, cohesionados y más o menos coherentes y adecuados. Pero, ¿qué hacía que unos fueran tan atractivos y otros tan poco?, ¿por qué te enganchabas a leer unos hasta el final?, ¿por qué resistías poco más de un par de párrafos en otros? La respuesta tiene ocho letras: RETÓRICA. O también el arte de comunicarse, o de saber convencer, atraer, persuadir... ¿Qué más da cómo lo llamemos?

Los escritos más conseguidos eran magníficos ejemplos de oratoria clásica. No sólo acertaban en el tono divulgativo y llano, sino que aprovechaban todo tipo de recursos expresivos para atrapar al lector despistado y para mantenerlo con interés hasta el final: vacíos de información, preguntas retóricas, comparaciones, juegos, anécdotas... Tanto la información como la estructura o la prosa ayudaban a la audiencia a comprender las ideas. En cambio, los artículos menos afortunados se despreocupaban de hacer el artículo, presuponiendo quizás que la motivación y la dedicación de los lectores ya estaban garantizadas –¡vana ilusión!–. Con enunciaciones largas, monótonas, se contentaban con exponer el contenido de forma docta y fundamentada.

De este modo llegamos a la conclusión que quizás ya sospechábamos: no basta con escribir correctamente y con coherencia y adecuación y cohesión. También hace falta ingenio retórico y saber preparar trucos para seducir al lector, para tentarlo con la prosa. Hoy en día, la retórica puede marcar la diferencia entre los que se hacen leer y los que se olvidan en silencio. En la intrincada selva comunicativa del siglo XX, atiborrada de documentos, correspondencia, periódicos, papeles y escritos de todo tipo, que se disputan a los lectores y las lectoras, la retórica puede marcar diferencias..., puede ser la única arma para defenderse.

RECURSOS RETÓRICOS

Cubre a la retórica una cierta auréola de magia, de disciplina científicamente inabordable e, incluso, de capacidad expresiva innata. Parece que no se pueda descubrir por qué unos textos son mejores que otros, ni qué recursos emplean, ni tampoco que se puedan aprender. Es como si los buenos comunicadores, los que saben usar la retórica con eficacia, hubieran nacido con buena estrella, y el resto tuviéramos que contentarnos sólo con la envidia, condenados a ser aburridos, sosos o sin gracia. Pero se trata de prejuicios gratuitos, como tantos otros en la escritura. La atracción que rezuma un escrito depende de sus figuras retóricas y de la técnica que, con más o menos acierto, sepa imprimir el autor en su prosa. Cada uno puede aprender a usar estos recursos a su manera.

Por tradición, la retórica se ha centrado en la literatura de creación, casi en exclusiva, y ha olvidado el resto de escritos, más funcionales y pedestres. Encontramos metáforas, juegos verbales y figuras de todo tipo en poemas y novelas, pero muy pocos o ninguno en los informes, los trabajos académicos o las cartas que redactamos día a día. ¿Por qué? ¿Es que estos escritos son menos importantes, agradables, funcionales o profundos? En cualquier escrito, sea del tipo que sea, se pueden aprovechar técnicas retóricas para hacer más comprensible y atractiva la comunicación.

Los manuales ingleses de escritura no creativa (informes, cartas, periodismo, etc.) ofrecen una larga lista de consejos y recursos que abarcan todos los niveles lingüísticos del texto: la economía de la frase, la selección léxica, la presentación visual, los párrafos... Aquí me referiré sobre todo a las cuestiones más estratégicas: el punto de vista, el tono, el enfoque, la voz, los trucos retóricos o los golpes de efecto que mantienen el interés del lector, etc. He aquí seis principios generales de retórica para la escritura funcional:

1. Punto de vista

Tenemos que diferenciar la *expresión* de la *comunicación*. La escritura no acaba cuando hemos sabido formular una idea con letras en el papel. Si lo primero que nos preocupa al escribir es ser capaces de encontrar palabras para las ideas que rondan por nuestra mente, cuando las hallamos corremos el riesgo de pensar que ya hemos terminado. ¡Qué sencillo! ¡Qué fácil sería escribir si sólo consistiera en traducir con vocablos —con los vocablos personales— las ideas de cada uno! Escribir requiere mucho más esfuerzo: significa comunicar informaciones a *otra/s persona/s*, a individuos distintos, que poseen experiencias, puntos de vista, opiniones y palabras diferentes a los nuestros. Lo difícil es poder formular nuestras ideas con palabras que también pueda compartir el lector, con palabras de todos.

Una buena estrategia retórica para salvar estos agujeros de conocimiento y léxico entre autor y destinatario consiste en adoptar el punto de vista del lector cuando formulamos una idea, en intentar expresarla con sus palabras, con sus ejemplos, con su forma de ver el mundo. Algunas ideas para buscar el punto de vista del lector y de la lectora son:

202

- Utilizar *su* lenguaje: evitar palabras que desconozca, controlar las connotaciones que puedan tener para ellos las expresiones que usamos, buscar frases hechas que conozcan, etc.
- Explicar las ideas a partir de *sus* conocimientos previos: tener siempre en cuenta lo que saben y lo que no saben, para no repetirse ni dejar de explicar lo necesario.
- Poner ejemplos relacionados con *su entorno y su realidad*: pensar en su entorno, en sus intereses y adaptar los ejemplos y las explicaciones a ello, emplear referentes colectivos.
- Implicarles en el texto con preguntas retóricas, exclamaciones o interpelaciones en 2.ª persona.

El décimo mandamiento del *Decálogo del escritor* de Eduardo Torres (Monterroso, 1978) recomienda: *Trata de decir las cosas de manera que el lector sienta siempre que en el fondo es tanto o más inteligente que tú. De vez en cuando procura que efectivamente lo sea; pero para lograr eso tendrás que ser más inteligente que él.* En resumen y sin ironía, se trata de tener siempre en la cabeza al lector/a, de no olvidarlo nunca y de recordarle, de vez en cuando, que todo lo que estás imaginando, que todo lo que estás haciendo, que todo lo que estás escribiendo..., es para él o ella. ¿Estás de acuerdo?

2. Concreción

¿Cuál es el problema del segundo párrafo de este capítulo? Pues que se sitúa en un nivel de abstracción demasiado elevado, que tiene poca conexión con el tema de la práctica de la escritura y que los lectores tenemos que hacer un esfuerzo interpretativo extraordinario para poder relacionar el contenido con nuestros conocimientos, con nuestra realidad. Los hechos concretos son mucho más comprensibles y atractivos que las formulaciones abstractas o generales. Nos interesan mucho más las cosas delimitables, observables, fijas, perceptibles, que las reflexiones vagas [ver también pág. 148].

Se puede escribir sobre cualquier tema con concreción. Sólo debemos incluir ejemplos, anécdotas, imágenes visuales, esquemas, metáforas, comparaciones y nombres propios (citas, autoridades, referencias, etc.) para que la prosa gane claridad. Las metáforas son un poderoso recurso imaginativo para explicar hechos complejos y nuevos de una manera llana, a partir de lo que uno ya sabe. ¿Recuerdas cuántas metáforas he utilizado en lo que va de libro? ¿De cuántas formas distintas estoy aprovechando la comparación entre *cocinar* y *escribir*?

3. Personalización

No hace falta ser cotilla, pero el tono personal interesa mucho más que el neutro. Con personajes reales, con pronombres personales, el texto se acerca a los géneros de la narrativa y a la explicación oral, adquiere concreción, un tono más directo, y la lectura es más asequible. Pero... ¿podemos escribir expresiones como: *yo creo que, estamos de acuerdo en que, compara los datos* o *fíjense en el esquema*, en un ensayo, en un artículo científico o en un informe técnico? ¿La prosa no pierde objetividad o imparcialidad? ¿No se nos ha enseñado a evitar expresiones subjetivas de este tipo?

La verdad es que hoy en día los pronombres personales no abundan en los escritos −prescindiendo de la literatura y el periodismo de opinión−. Vivimos en una tradición de escritura despersonalizada. Asociamos la claridad de la información con el tono impersonal y neutro. Hemos aprendido a evitar el *yo* y el *tú* en los textos. Los sustituimos por circunloquios y frases pasivas creadas para la ocasión. Cuando encontramos formas personales en un escrito supuestamente «científico», fruncimos el ceño: suenan mal, dudamos de la calidad de la prosa e incluso desconfiamos de la objetividad del contenido.

Turk y Kirkman (1982) explican que la literatura científica inglesa de antes del siglo XIX utilizaba a menudo pronombres personales. Pero que, cuando se impuso el estilo formal victoriano [sic], el tono impersonal se convirtió en una norma estricta para cualquier escritura intelectual, y que esta tendencia ha sobrevivido hasta nuestros días en los textos científicos. Quizás nuestra sensibilidad tenga las mismas raíces y entronque con esa tradición científica occidental.

En cualquier caso, no podemos encontrar argumentos sólidos para desterrar las referencias personales a autores y lectores. ¡Todo lo contrario! Si el escrito es comunicación entre dos sujetos, lo más normal es que éstos aparezcan explícitamente en la prosa. Resulta mucho más artificioso e incluso falso pretender ocultar cualquier rastro o huella personales y simular un estilo neutro sin autoría que no se dirige a nadie. Además, la objetividad o la claridad de la información no dependen de la presencia o de la ausencia de estas referencias: dependen de otros factores como la actitud del autor, el tratamiento de los datos, la discriminación entre información y opinión o el estilo global de redacción.

La mayor parte de los manuales de redacción técnica o científica que he consultado (Bailey, 1990, Barrass, 1978, Blicq, 1990, Kirkman, 1992 y Turk y Kirkman, 1982) recomiendan el estilo matizadamente personal en vez del artificio de lo impersonal. Algunos ejemplos que aportan son los siguientes:

IMPERSONAL	PERSONAL
Es recomendable que...	Recomendamos que....
Más arriba se ha comentado que...	He comentado más arriba que...
Los diversos componentes han sido ordenados...	Hemos ordenado los diversos componentes...
Ha sido argumentado por el autor que...	He argumentado que...
La hipótesis de la autora es que...	Mi hipótesis es que...
El lector / el usuario tiene que considerar que...	Considera (tú) / considere (usted) / consideren (ustedes) que...

Las frases de la izquierda tienen que recurrir a construcciones pasivas y a perífrasis rebuscadas para evitar las referencias personales. Son más largas, más complejas y, en consecuencia, más difíciles de escribir y de comprender. En cambio, las equivalentes de la derecha son decididamente más concretas y llanas —¡y también menos sexistas! ¿Te suenan mejor las de la izquierda? ¿Te parecen más «científicas»? ¡Pues sólo es un prejuicio! El peso de la costumbre.

4. Prosa coloreada

El párrafo que empieza este capítulo, el primero de todos, muestra los defectos habituales de una prosa insulsa que repite un mismo molde en cada oración. Cada idea se repite dos o más veces;

cada frase sigue el mismo patrón sintáctico (sujeto-verbo-complementos), empieza siempre con un determinante; no hay elipsis ni pronombres que descarguen la redundancia; un único tono anunciativo y frío abarca todo el fragmento. ¡No hay sorpresas ni variaciones! ¿Has encontrado alicientes para continuar leyendo? Me atrevería a decir que no: este tipo de prosa acaba amodorrando al más voluntarioso.

Al contrario, la prosa que anima a leer es la variada, viva e imaginativa. No sólo debemos evitar las repeticiones y los clichés, sino que hay que buscar un léxico preciso y claro, pero abigarrado, vivo, enriquecedor. Se puede aprovechar la expresividad del léxico más coloquial o popular, las frases hechas, las preguntas o las exclamaciones.

¿No es cierto que la modalidad interrogativa y la admirativa rompen la monotonía? ¿Te implica una prosa variada como ésta, lector/a? ¡Claro que sí! No hay nada más insípido que decir cosas una detrás de otra, sin ton ni son, ¡con un mismo triste y simple tono de voz! Todo ayuda a animar: las salidas de tono, los cambios de ritmo, el humor, la ironía o el sarcasmo —¿por qué será?

5. Decir y mostrar

Te propongo otro juego. Lee el siguiente fragmento y los dos primeros párrafos del capítulo anterior [pág. 186]. Compáralos. ¡Venga! ¡No tengas pereza!

NIVELES DE FORMALIDAD

Acostumbramos a utilizar lenguajes diferentes en cada escrito, aunque se trate de un mismo tema. Imaginemos a una mujer, estudiante y trabajadora, que un día tenga que pedir permiso en el trabajo para poder asistir a un examen en la universidad, que también tenga que pedir un justificante al profesor conforme lo ha hecho, que escriba una nota para sus familiares avisando de que llegará tarde a cenar por este motivo, y que además tome nota del hecho en su diario íntimo. Los cuatro escritos, la solicitud del permiso, el justificante, la nota y el comentario íntimo, emplearán un nivel de formalidad distinto, adecuado al interlocutor, a la función y al mensaje.

La solicitud usará un estilo administrativo, el justificante será formal y, en cambio, la nota y el diario íntimo tendrán un tono mucho más coloquial o familiar. El comentario íntimo, que en principio no tiene que leer nadie más que su propia autora, incluso puede incluir palabras o expresiones vulgares. En conjunto, está claro que no podría ser de otra manera. ¿Te imaginas una nota para decir que no irás a cenar, escrita con un lenguaje administrativo? ¿O una solicitud con estilo de nota casera? Es absurdo. El texto no conseguiría su función y el autor sería tildado de maleducado.

¿Qué diferencia hay? Mucha, ¿verdad? Los dos fragmentos dan la misma información pero de manera distinta. Este último la *dice*, la explica con un tono llano y pretendidamente atractivo. El otro fragmento la *muestra*, la hace sentir y vivir como si fuera una narración o una obra de teatro. Murray (1987) y Rebekah Caplan (1987) distinguen entre *decir* los hechos y *mostrarlos* y aconsejan utilizar esta segunda posibilidad siempre que sea posible.

Es decir, se trata de describir la información desde una óptica personal, de ser específico, de contarlo todo con detalles concretos, colores, estilo directo, comentarios personales, etc., como si se tratara de una pintura o de una fotografía precisas. Al contrario, limitarse a enunciar los datos resulta bastante menos atractivo y más aburrido: el texto carece de aportaciones personales, la prosa gana abstracción, se aleja de la realidad. Es la misma diferencia que encontramos entre ver una película u oír contarla, por muy bien que se cuente.

---

6. DESPIECES

El último recurso retórico que comento, a medio camino entre la elaboración de la información y la presentación visual, tiene las siguientes características:

- No tiene nombre fijo. Suele llamarse *despiece, complemento, recuadro* o también *noticia segregada* (*sidebar* o *follow-up* en inglés).
- Consiste en segregar o desplazar una información secundaria y autónoma del texto principal.

- Recibe un tratamiento gráfico especial. Se presenta dentro de un recuadro, en forma esquemática o destacada.
- Descarga el cuerpo del texto, introduce variación en la prosa y aligera la tarea de leer.
- Se utiliza sobre todo en periodismo, pero se ha exportado con éxito a otros campos (libros, documentación).

Los despieces se relacionan con los esquemas, los gráficos y, en conjunto, con todos los recursos visuales para presentar información escrita. [Consulta el siguiente capítulo.]

¡ACCIÓN!

A mi entender, la mejor manera de aprender recursos retóricos para la redacción es verlos en acción, es decir, experimentarlos como lector/a y escritor/a. Una lista de ideas como la anterior puede ser útil, pero nunca podrá trasmitir las sensaciones que provocan unos cuantos trucos bien preparados, situados en el momento oportuno de la lectura. Por este motivo, cierro este capítulo con el comentario retórico de dos textos expositivos.

El primer escrito es necesariamente fragmentario. ¿Te has planteado alguna vez la jubilación? ¿No? Mejor. De este modo podrás valorar si el arranque persuasivo del artículo te arrastra a leer o no. Atención: ¡Acción!

UN ENFOQUE POSITIVO

Inicio concretado
en una palabra
clave ─────────────┐

    La palabra **jubilación,** como tantas
otras en nuestros días, evoca una variedad de respuestas al interrogar a personas de diversos niveles y ocupaciones: para el directivo de empresa con   Ejemplos
formación superior, puede ser la oportu- ├─ próximos al
nidad esperada durante años para dedi-   lector potencial

Opiniones
contrapuestas ─┤ carse a una afición intelectual, deportiva
o social postergada por su intensa vida de ejecutivo; para el trabajador

208

Variación tipográfica. — manual especializado, puede suponer el fin de una actividad que le absorbía física e intelectualmente, y el ingreso en el grupo de pasivos para quienes la vida carece de significado. *La jubilación constituye motivo de alegría o de contrariedad*, según la formación, el nivel educacional, el puesto de trabajo o una serie de variados factores de la vida laboral y social de cualquier persona. Veamos dos tipos de diálogo posible entre personas que se acercan a la jubilación:

Juego de oposiciones.

Contraste de positivo y negativo. — Positivo: *¡Chico, por fin me jubilo y voy a disfrutar con...!* (La familia, el deporte, el coleccionismo, etc.)

— Negativo: *Voy a jubilarme y me da miedo a lo que viene, me preocupa...* (La escasez de la pensión, la relación con mi mujer o hijos, el tiempo libre, etc.)

Introducción de voces distintas.

Pregunta retórica sobre una cuestión central. Crea un vacío de información. — ¿Por qué unas personas adoptan un enfoque negativo, y otras, positivo? Se puede contestar reduciendo la respuesta a una sola causa: cuantía de la pensión, personalidad del sujeto, apoyo del cónyuge, etc.; pero ninguna razón por sí sola explica satisfactoriamente una situación compleja en la que intervienen multitud de factores [...] A continuación se han clasificado los factores en tres grupos: *individuales, materiales y sociales* [...] que tienen su paralelismo en el refrán popular «*salud, dinero y amor*», orientador de tantas generaciones en el pasado y aún válido actualmente. [Moragas, 1989]

Respuestas contrapuestas.

Avance de los contenidos y la estructura del libro en tres ejes.

Uso de un refrán tópico, muy popular y con fuerte carga emotiva.

209

¿Es hábil, verdad? Podríamos preguntarnos si con una introducción menos sofisticada, con el tono más objetivo o frío de los textos científicos o académicos, nos sentiríamos motivados a leer, si realmente continuaríamos leyendo este texto. ¡No lo sé! Los lectores y las lectoras tenemos pocas manías. Cuando un escrito no nos interesa, lo abandonamos sin piedad. Sólo seguimos si nos sentimos atraídos. *La primera frase de un texto es la más importante porque tiene que inducir al lector a pasar a la segunda; si no, el texto está muerto.* [Leíste antes esta frase: ¿dónde?, ¿quién la dijo?]

El segundo ejemplo es más socarrón. Una vez me tocó escribir un artículo divulgativo sobre las excelencias del aire acondicionado —¡qué cosas tiene que hacer uno en la vida!—. Se trataba, claro está, de *publicidad indirecta* —¡vaya denominación más tramposa!— dirigida a lectores de periódicos y revistas. Con finura y picardía, tenía que convencer a todos de las indudables ventajas de esta nueva tecnología, con un lenguaje neutro y sin aspavientos.

Como sabía poco o nada sobre el tema, mi cliente me llenó las manos de prospectos técnicos sobre aire acondicionado: descripción, tecnología, funciones, modelos, prestaciones..., ¡todo! Y yo me preguntaba: ¿Cómo puedo hacer atractivos unos datos tan técnicos y tan desconectados de los intereses del ciudadano de a pie? Vamos a analizar la respuesta que pude y supe dar, la mejor que supe escribir —y reconozco que he introducido algún cambio de última hora para adaptar el texto a esta *cocina*—. En la columna de la derecha, con letra menuda, encontrarás explicados los recursos retóricos que utilicé conscientemente:

UN NUEVO CONFORT: EL AIRE ACONDICIONADO	Título con las palabras clave del tema.
	Tamaño más grande de letra para la introducción (tres primeros párrafos) y para la conclusión (el último).
Cada verano, cuando llega el bochorno y las temperaturas suben tanto que resulta difícil trajinar por	Inicio con estilo de cuento narrativo.

casa, descansar o hacer algo, muchos pensamos: *Quizá podríamos poner aire acondicionado. Tendría que informarme de lo que cuesta. ¡Quizá no sea muy caro!* Algunos lo hacen y acaban instalándolo; otros no encontramos nunca el momento de visitar una tienda de electrodomésticos o pensamos que nuestro bolsillo no llegaría a semejante lujo. Y al terminar el verano, la idea se esfuma. Así vamos tirando y ya está. El año que viene —y el siguiente— empezará todo igual... ¡hasta que nos liemos la manta a la cabeza!

El aire acondicionado es uno de los hitos importantes del actual nivel de vida y del confort doméstico. En pocos años, lo que era un lujo de pocos ha pasado a ser una necesidad de muchos. Antaño era exclusivo de empresas o de locales públicos, hoy lo encontramos en muchos hogares familiares. Los avances tecnológicos y la comercialización masiva han permitido esta difusión generalizada. Ha pasado a ser un bien tan asequible como una cadena musical, una televisión o un frigorífico nuevos.

Del mismo modo, ya ha pasado a la historia aquel cubo gordo y ruidoso, encaramado en puertas y ventanas de bares y restaurantes, que chorreaba agua y nos procuraba súbitas corrientes de aire fresco. La última tecnología nos ofrece una variada y sofisticadísima gama de aparatos, utilidades y formas diversas de aire acondicionado, que

pensamos: 1.ª pers. pl. Implica al lector, que se convierte en protagonista involuntario. Establece complicidad entre autor y lector.

Quizá...: Estilo directo. El uso de distintas voces es un rasgo conversacional típico de la comunicación distendida y poligestionada (aquella en la que participan varias personas). Aporta variación, color y concreción al discurso técnico.

Juego de oposiciones y paralelismos: *un lujo de pocos/ una necesidad de muchos, antaño/hoy, empresas/hogares.*

...a la historia... Retrato minucioso de una imagen concreta y recordada. Conecta el discurso con la experiencia del lector, aporta un tono familiar y afectivo. Fijémonos: hubiera sido mucho menos efectivo —aunque mucho más preci-

han arrinconado aquel popular *aire frío*. En definitiva: quien quiere vivir mejor se instala aire acondicionado y evita bochornos y sufrimientos.

so— algo como: *...a la historia los aparatos compactos instalados en aberturas de salas, de gran volumen, alto nivel de ruido, con pérdidas relevantes de agua, y con deficiente graduación de la temperatura global de la sala.*

Frases de cierre de la introducción, que recuperan el tono del principio y avanzan los contenidos que se van a tratar.

Párrafos 1-3: Introducción-cebo para atraer lectores. El primer párrafo rastrea la opinión tópica sobre el AA, que los siguientes rectifican con una visión actualizada. Se sitúa el tema del artículo.

Utilidades del aire acondicionado

Subtítulo para marcar los apartados del artículo.

Gracias a una avanzada tecnología, los actuales equipos de aire acondicionado (en adelante AA) son silenciosos, potentes, saludables y manejables; tienen larga vida y consumen razonablemente. Al margen de modelos, marcas, potencias y prestaciones, el AA ofrece todo lo que sigue:

AA: Sigla para economizar palabras.

La regulación de la temperatura ambiental es la principal función del AA. Los modelos tradicionales refrigeran el aire en verano, pero los más modernos también son capaces de calentar

1.er apartado: Después de una breve presentación general, cada párrafo desarrolla una utilidad. Los marcadores textuales muestran al lector

212

en invierno o, dicho de otro modo, de actuar como auténticas calefacciones. Con un simple sistema de bombas de calor, en verano el aparato saca aire caliente del interior de la vivienda hacia el exterior; y en invierno, al revés, aprovecha el calor de la calle para calentar el interior. Los termostatos regulan estas operaciones y obtienen la temperatura deseada en cada habitación y en cualquier momento del día o de la noche. Además, se trata de un sistema bastante económico, si lo comparamos con el coste sumado de la refrigeración estival y la calefacción invernal.

El AA también controla —y ésta es su segunda gran función— el grado de humedad relativa del ambiente y lo sitúa en su nivel adecuado: entre el 40 % y el 60 %. El exceso de humedad dificulta la evaporación del sudor humano, causa molestias físicas importantes (vías respiratorias, afecciones reumáticas) y también puede estropear algunos electrodomésticos (hifi, vídeo...). Las zonas acuáticas (costas, ríos, lagos...) son las más expuestas a un exceso de humedad.

Asimismo, los equipos de AA aseguran la salubridad del aire: lo renuevan periódicamente y limpian las impurezas que suele contener. Los filtros del aparato eliminan las partículas de polvo y de polen que acostumbran a flotar en el ambiente, así como cualquier olor, humo o foco de contaminación que pueda penetrar del exterior.

la organización del texto (1.°: *la principal función*, 2.°: *la segunda*, 3.°: *asimismo*, 4.° *finalmente*).

Uso de paréntesis para ampliar la información con ejemplos y detalles. Éstos quedan perfectamente aislados y el lector poco interesado puede saltárselos con facilidad.

Marcadores textuales situados en puntos estratégicos, en el inicio del párrafo y de la frase: *asimismo, finalmente...*

Se garantiza un aire más limpio y saludable para respirar en la zona acondicionada. (Esta prestación es útil sobre todo para las personas que sufren alergias estacionales causadas por las partículas que lleva el aire.)

Detalle añadido después del punto final y entre paréntesis.

Finalmente, el AA también regula la velocidad del aire, de manera que la temperatura de una sala sea la misma en todos los puntos, y que se elimine el calor que produce el cuerpo humano, que puede desestabilizar el ambiente. El movimiento constante y controlado del aire produce una agradable sensación en la piel.

Equipamientos diversos

El AA se adapta a todo tipo de espacios, tiene un diseño moderno, es fácil de instalar y ofrece buenas prestaciones y garantías de funcionamiento. Hay dos grupos de equipos según la situación de sus componentes: producción de frío, tratamiento de la humedad, renovación... Son los **compactos** y los **partidos**.

2.º apartado: Las negritas de las dos palabras clave se sitúan al final de la presentación y determinan la estructura del apartado. Los siguientes párrafos arrancan con estas palabras.

Los **compactos** integran todos los componentes en un solo armazón, que se instala en la zona que se ha de climatizar. Existen modelos de *ventana*, de *consola* y un tercero que es *portátil*. El primero es muy útil para adaptarlo a edificios viejos y permite acondicionar zonas independientes. El segundo se coloca en el suelo, como un pequeño mueble en una pared o en un rincón.

Descripción numerada de modelos.

El tercero se maneja con simplicidad: se puede transportar de un punto a otro, es muy útil para pequeñas salas y sólo necesita una abertura al exterior.

Los **partidos** sitúan en el exterior el sistema de evacuación del aire caliente y en el interior, unido con un conducto, el resto de componentes. De esta manera, se aprovechan los espacios muertos, se evitan las obras en el inmueble y se pueden organizar varios acoplamientos. También se trata de los equipos más silenciosos, muy apropiados para dormitorios y salas-comedores. La unidad interior puede adosarse a la pared, al suelo, al techo o puede ser portátil. Las salidas de aire también varían: verticales, horizontales, laterales, etc. Algunos modelos incluso tienen mando a distancia.

Consejos útiles para poner AA

Ahora bien: *«¿Cuál de estos modelos es el mejor para mi casa?, ¿puedo poner AA sólo en el comedor?, ¿y para mi pisito viejo?»* Preguntas difíciles de responder.

3.er apartado: Preguntas retóricas en 1.ª persona como presentación.

En primer lugar, se tiene que hacer un análisis de la zona por acondicionar. Varios factores influyen en la temperatura del edificio: el entorno de la construcción, el grado de aislamiento térmico, la incidencia del sol, de la luz y del aire, el volumen y el espacio que hay que climatizar, el número de ocupantes, su actividad física, etc. La po-

Marcadores de orden situados en el inicio del párrafo: *en primer lugar, asimismo, en definitiva.*

tencia, la situación y las prestaciones del AA variarán según estos factores.

Asimismo, también hay que tener en cuenta si sólo se acondicionará una dependencia o toda una vivienda, si es posible hacer obras en el edificio y el coste que pueden tener, el espacio disponible para los aparatos, etc. Y cuando ya se sabe todo, entonces debemos decidirnos por una marca o por otra, con las implicaciones correspondientes de precios, atención al cliente y servicio posventa de reparación y mantenimiento.

En definitiva, a la vista de todo lo que debemos vigilar, lo más recomendable es encomendarse a un especialista para que prepare un estudio serio de las necesidades del inmueble y proponga un sistema ajustado y garantizado.

Consejo final de resumen del tercer apartado.

¡Ah! Y un último consejo al oído: si están ustedes interesados en adquirir un AA no esperen a que llegue el verano y pase todo lo que dijimos al principio: ¡entonces es cuando los concesionarios están llenos hasta los topes! [Enher, 1991]

Conclusión final que remite al inicio por la tipografía más grande y el tono, como la pescadilla que se muerde la cola. Dice Josep M. Espinàs que un discurso, oral o escrito, es como el vuelo de avión que despega y aterriza. Algunos escritos y bastantes más parlamentos pecan precisamente de no saber acabar a tiempo y dar vueltas y más vueltas repitiendo ideas y aburriendo a la audiencia. El escrito completo es aquel que fina-

liza en el momento opor-
tuno, ni antes ni después de
decir todo lo necesario,
con el convencimiento del
autor y el beneplácito del
lector.

Termino con algunos comentarios generales:

El escrito muestra un lenguaje llano, evitando el tono demasiado formal o la terminología excesivamente técnica. Utiliza con
provecho la expresividad de locuciones, frases hechas y coloquialis-
mos como: *vamos tirando, liarse la manta a la cabeza, la pescadilla
que se muerde la cola, hasta los topes*. La sintaxis también busca un
estilo asequible, con estructuras breves y simples.

El texto revela su organización interna con subtítulos, apartados
y parágrafos muy pautados. Cada apartado consta de introducción,
desarrollo y conclusión. Cada párrafo tiene unidad significativa y
ordena la información interna de más a menos importante y general. Los detalles y los ejemplos van al final en posiciones marginales
(entre paréntesis o comas, en listas, etc.).

15. LA IMAGEN IMPRESA

La imagen de las palabras vale más que mil palabras.

¿Has contado alguna vez la cantidad de horas que te pasas delante de una hoja escrita? Leemos periódicos, artículos, informes, anuncios, impresos, libros, una novela el fin de semana o en verano; escribimos textos: avisos, cartas, proyectos...; y siempre tenemos una página de letras ante los ojos. Administrativos, ejecutivos, maestros, negociantes, estudiantes, periodistas, contables..., todos nos pasamos horas y horas sentados delante de un papel.

Los y las que trabajamos con ordenador nos preocupamos en todo momento de protegernos la vista con filtros. Muchos también nos preguntamos si la silla o la butaca donde nos sentamos tanto tiempo es la más adecuada. ¿Será lo suficientemente ergonómica para prevenir dolores de espalda? En cambio, no siempre nos preocupamos de buscar el diseño más eficiente para la página en blanco, de hallar la manera más fácil de presentar la imagen del texto a los ojos, aquella que nos ahorre tiempo y esfuerzos.

OJOS E IMÁGENES

Las páginas escritas son imágenes visuales. Cuando las miramos, lo primero que distinguimos es un marco rectangular que cierra una piscina de letras. Dentro de ella, las formas más destacadas (títulos, mayúsculas, dibujos...) nos llaman la atención en primer lugar. Antes de que podamos descifrar nada, estas formas ya nos informan sobre el texto. Nos hemos pasado tantas horas observando imágenes escritas y tenemos tanta experiencia en hacerlo que casi somos capaces de adivinar de qué se trata antes de empezar a leer.

218

Por ejemplo, fíjate en la siguiente imagen y responde a las preguntas de abajo (encontrarás la solución al final del capítulo):

Epa acsos staen rótesu hacer gecio

Han entredea satopo con vista

Epa (Apnoto).- Acsos staen contamente para hacer gecio a Epa. Han entredea satopo con vista, en tel cochen rósetu.

Atia han gecioea 100 matotes, 58 matotes de pácila et 42 matotes de tícula. Con gafitosos matotes *Espite Colonari et Micas* staera ecs pocteres de Epa et Patrina.

Ec UBC (Utmai Catali de Burgio) ha feae coti rósetu camible.

En Epa staen acsos muy tiv

• Intiri p. 4

1

2

1. ¿Qué tipo de texto es y dónde lo podemos encontrar?
2. ¿En qué lugar pasan los hechos? ¿Dónde se sitúa la acción?
3. ¿Qué significan las letras del cuadro 1?
4. ¿Y las palabras del cuadro 2?
5. Di cinco palabras del texto que aporten información relevante.
6. Di cinco más que no aporten información.
7. ¿Qué crees que significan las palabras de debajo de la foto?
8. ¿Qué función tienen los cuatro tipos de tipografía del texto?

¿Has acertado la mayoría? ¿Todas? ¡Si no se entiende nada! Al fin y al cabo, no hay nada que comprender porque no se trata de ningún idioma. Son palabras inventadas que no significan nada. Pero la compaginación tipográfica como se presentan, en forma de noticia periodística, nos permite deducir algunos datos básicos sobre el

219

texto. Como buenos lectores de periódicos, reconocemos esta imagen y sus convenciones y las interpretamos sin dificultad. [Imagina el mismo lío de letras sin titulares ni columnas, ni pies de foto ni foto, con un solo cuerpo y tipo de letra... ¿Habrías podido responder con éxito a las mismas preguntas?]

El periodismo y la publicidad son los ámbitos escritos que seguramente han sabido aprovechar con más inteligencia el potencial comunicativo no verbal de la imagen impresa. Han sabido desarrollar un código completo de compaginación del escrito en una página en blanco, que facilita y favorece la comprensión. Aprovechan la colocación de la letra, su tamaño o su forma para informar y atraer al lector mucho antes de que éste empiece a leer. De este modo, tenemos que suponer que el texto anterior conserva la estructura típica de una noticia: la pirámide invertida que ordena la información de más importante a menos. El primer párrafo, llamado *lead* o también «sombrero», debe contener los datos esenciales que responden a las preguntas de *quién, qué, cuándo, dónde* y *por qué*. [Fijémonos que este primer párrafo repite todas las palabras que aparecen en el título y en el subtítulo.]

En el caso del periódico, solemos tener poco tiempo para leerlo, lo hojeamos rápidamente, leemos sólo los titulares y, quizás, alguna noticia importante. Somos descaradamente selectivos y agradecemos la disposición cuidadosa de la información, que nos permite avanzar deprisa. [Repito la misma pregunta, también entre corchetes: ¿Puedes imaginarte cómo sería un periódico impreso en forma de libro, sin las convenciones tipográficas establecidas? ¿Lo podríamos leer del mismo modo?]

LA IMAGEN ORGANIZADA

La imagen de la página es la primera impresión que tiene un lector del texto. Es lo primero que se ve, lo primero que trasmite información y provoca sensaciones sobre el escrito. [Lo hemos visto en la página 83, con el juego de los párrafos, y también lo estoy demostrando ahora con los distintos tamaños de letra en este texto.] Los profesionales del escrito, maquetistas, tipógrafos e impresores, buscan imágenes limpias y atractivas que animen a leer. Una página sucia o demasiado cargada causa pereza; otra que sea pulida, en cambio, parece mucho más ligera. Quien suela leer manuscritos —los maestros, por ejemplo— conoce bien la diferencia que hay entre un escrito claro con buena presentación y otro descuidado.

La presentación de los escritos se ha sofisticado notablemente en los últimos años. Sólo debemos recordar los manuales escolares que utilizábamos en la infancia, o algún volumen decimonónico, y compararlos con cualquier libro actual. En los antiguos cada página se parece a la siguiente, con mares de letra monótona donde no destaca nada, párrafos larguísimos y pocas o ninguna ilustración. En los actuales, la diversidad tipográfica, los esquemas, las fotos, la maquetación, etc. confieren una identidad personal a cada hoja, que se convierte en un cuadro único e irrepetible. ¡Qué atractivas son las páginas de hoy y qué aburridas y pesadas nos parecen las de antes!

Estos cambios también han modificado nuestra forma de leer. Hoy ya no leemos como antaño, siempre de izquierda a derecha y de arriba abajo, resiguiendo la línea de texto. Establecemos una interacción rápida con el texto: saltamos hacia adelante y hacia atrás buscando datos concretos, evitamos los fragmentos que no nos interesan y nos concentramos en los que contienen lo que buscamos. La memoria visual ha adquirido mucha importancia: hay fotografías, cuadros; recordamos un esquema por su forma, o una frase por su situación. ¿No te ha ocurrido nunca que, buscando una cita en un libro, recuerdes haberla leído en una posición exacta, en la página izquierda o en la derecha, arriba o abajo?

Una de las causas de este cambio son los programas informáticos de procesamiento y edición de textos, que han revolucionado la comunicación escrita. Hemos pasado de redactar a mano a usar la máquina de escribir, primero mecánica y después electrónica, para pasar hoy a diseñar escritos dentro de un cubo, casi como si fueran dibujos o imágenes. La calidad técnica y comunicativa de un escrito de antes no puede competir de ninguna manera con la de los actuales. Se han acabado los textos sin justificación, la impresión hundida en la textura del papel, la monotonía tipográfica, las manchas, las tachaduras, los «entrañables» típex y las raspaduras.

La informática ofrece a la escritora y al escritor corrientes las posibilidades técnicas de la edición profesional. Hoy los escritores debemos preocuparnos tanto de corregir los errores de ortografía como de escoger la mejor familia tipográfica, el interlineado, los márgenes o el título, etc. Las más recientes guías de redacción dedican mucha importancia y atención a la presentación del texto (ver *Diccionario de la edición*, 1990 o Griselin *et al.*, 1992). Resumo en la siguiente lista unas pocas reglas para conseguir buenas imágenes escritas.

ORGANIZACIÓN DE LA PÁGINA

1. La *página* es como una pintura enmarcada de una exposición. La *escritura* es la acuarela y el papel blanco el lienzo que le da soporte. Los *márgenes* deben ser generosos y rectos, simétricos —¡que la página no se desplome hacia la derecha!

2. Del equilibrio entre *tamaño* de la letra y de la hoja y el *interlineado* depende la facilidad de percepción ocular. Vale la pena preferir los espacios amplios y la letra grande.

3. Los párrafos suelen marcarse bien con un espacio interlineal doble, llamado *línea blanca* —tal como se hace en esta lista—, bien con un pequeño *sangrado* al inicio —como en el resto del libro—. No se suelen mezclar los dos sistemas. (Pero hay otro tipo de párrafos más estéticos y menos usados; para cualquier cuestión tipográfica, consultar Martínez de Sousa, 1987 y 1992.)

4. Las EXPRESIONES IMPORTANTES —**títulos, palabras clave, tesis**, etc.— pueden <u>marcarse gráficamente</u>, tal como se hace *en este resumen*. Pero debemos ser **CAUTOS**: los **excesos** <u>**entorpecen**</u> y no **ayudan** (*tal como se demuestra* <u>*en este punto*</u>).

5. Deberíamos identificar cada página por motivos de seguridad y comodidad: para que no se extravíe y para que sepamos en todo momento qué estamos leyendo. Los *identificadores* de página se sitúan en posiciones estratégicas de los márgenes. Los más corrientes son el *número de página*, el *título* o la referencia del *tema* y el *autor*. Un

abuso de identificadores resulta redundante y ensucia los márgenes hasta distorsionar la página. Por este motivo suelen concentrarse todos en un solo margen.

6. Los títulos y subtítulos son las etiquetas del texto. Las leemos muchas más veces que ninguna otra parte del escrito. Vale la pena que sean cortos, claros y atractivos: que indiquen lo que el lector va a encontrar, que contengan las palabras clave del tema y que sirvan para identificar cada parte del texto. El título de uno de los capítulos de esta *cocina* muestra exactamente lo que no deberíamos hacer nunca. ¿Cuál es?

Quizás este abecedario de la presentación permita sobrevivir en el actual mundo tipográfico. Pero se trata sólo de unos mínimos imprescindibles. La imagen escrita puede ser todavía mucho más compleja si se utilizan algunos recursos retóricos de presentación de textos.

SEÑALES PARA LEER

Las líneas de un escrito son la carretera que el lector y la lectora siguen para descubrir el paisaje de la página y para llegar a su comprensión. Leer es conducir la vista por las estribaciones de letras y captar su sentido. Si la carretera es buena, está en condiciones aceptables, está señalizada —como una autopista—, leer es un placer y comprendemos el significado con rapidez y facilidad. Pero si se trata de un camino campestre, de un asfalto deteriorado o de una vía sin señales de tráfico ni marcas, la lectura resulta mucho más complicada: no sabemos qué accidentes nos deparará el terreno; leemos poco a poco y con precaución.

Podemos ayudar al lector a leer el texto, enderezándole el camino que tiene que recorrer. Le podemos marcar las ideas más importantes, explicarle los cruces conflictivos donde puede equivocarse, o trazarle un mapa del viaje para que no se confunda. Disponemos de varios recursos para señalizar un escrito y guiar su lectura. La siguiente lista, adaptada de Flower (1989), enumera los principales:

SEÑALES PARA LEER

Título
Extractos
Membretes y encabezamientos
Citas   **Señales**
Apartados de *introducción, prólogo* o *prefacio*   **de anticipación**
Frases iniciales de tesis/cuestión/propósito
Frases temáticas de párrafo
Índice

Frases finales de resumen/conclusión/recuerdo   **Señales**
Apartados de *resumen, conclusiones* o *epílogos*   **de resumen**
Recapitulaciones

Puntuación

Señales tipográficas:
• variación tipográfica (cuerpo, familia...)
• subrayados, **negritas**, *cursivas*
• MAYÚSCULAS, VERSALITAS, cifras   **Señales**
• numeración de apartados, capítulos   **visuales**

Disposición visual:
• márgenes
• líneas blancas, sangrados, blancos
• filas, columnas, franjas
• dibujos, gráficos, esquemas

Marcadores textuales:
• enlaces: conjunciones, preposiciones...   **Señales**
• repeticiones: anáforas, pronombres...   **verbales**

    Las señales de anticipación avisan al principio lo que se encontrará en el texto *(extracto, índice...)* o de lo que seguirá a continuación *(frases iniciales, subtítulos...);* las de resumen, recuerdan lo más importante que se ha dicho. Las visuales destacan determinados fragmentos con procedimientos no verbales: formas, colores, tamaños... Llegan al lector incluso antes que la lectura. Las verbales apuntalan el desarrollo de la lectura con alguna información lingüística: orden de las palabras, anáfora, relaciones entre ideas (causa, consecuencia...).

Como siempre, un uso excesivo o inapropiado de cualquiera de estas señales sería contraproducente. Debemos seleccionar las señales más adecuadas para cada tipo de comunicación y también tenemos que usarlas con moderación. Fíjate en el siguiente texto, que corresponde a la página 25 de la *cocina*, a los primeros seis párrafos del apartado *El estilo llano*. Compara las dos posibles versiones, las dos formas distintas de presentar casi la misma información. ¿Cuál te gusta más? ¿Cuál crees que es más adecuada?

El estilo llano

Nombre
Plain English Movement, adaptado a *Movimiento del estilo o el lenguaje llano*.

Definición
Movimiento de renovación de la redacción desarrollado en EE.UU. a partir de los años setenta y luego expandido al mundo anglosajón.

Objetivos
Con el propósito general de promover un estilo llano para los textos públicos, se intenta:

- Elaborar normativa legal sobre comunicación escrita (leyes y recomendaciones).

- Investigar sobre redacción (qué problemas de comprensión presentan los textos, cómo se pueden resolver...).

- Formar a los técnicos de cada disciplina que han de redactar (abogados, jueces, científicos...).

- Difundir las ideas del movimiento con publicaciones y jornadas informativas.

Ámbito de acción
Administraciones públicas y organizaciones de servicios a la comunidad.

Tipo de textos
Leyes, normas, seguros, impresos, contratos, sentencias, condiciones, garantías, instrucciones, etc.

Historia
Datos más importantes:

1960-70: Las *Asociaciones de Consumidores de EE.UU.* piden que la documentación básica se escriba en un lenguaje llano.

1975: El *Citibank* de Nueva York reescribe sus formularios de préstamos para adaptarlos a este nuevo estilo llano.

1978: El gobierno *Carter* ordena que «todas las regulaciones más importantes se redacten en un inglés llano y comprensible para todos aquellos que deban cumplirlas».

Fundamentos éticos
La democracia se fundamenta en la facilidad de comunicación entre las instituciones y la ciudadanía. La administración pública y el sector privado tienen el deber de expresarse de manera llana, mientras que los administrados tienen el derecho de poder comprender todo lo que necesiten para desarrollarse en la sociedad moderna.

Economía
La reelaboración de cualquier documentación con un estilo llano genera gastos al principio (especialistas, diseño nuevo, impresión, evaluación), pero a largo plazo resulta rentable porque ahorra dudas y esfuerzos humanos y económicos.

Quizás te gusta más esta presentación que la de la página 25. Es más esquemática, ordenada, visual; presenta la información atomizada; permite hallar cada dato con el mínimo esfuerzo, hacerse una impresión global con una ojeada; también ayuda a estudiar. Pero no es muy agradable para una lectura continuada o reflexiva, para sentarse en una butaca y leer tranquilamente. ¿Verdad que no invita a leer, a pasarte una o dos horas observando páginas de este tipo? Por última vez: ¿te imaginas este libro escrito íntegramente con esta última presentación, de manera telegráfica y esquemática? La lectura hubiera sido distinta, pero... ¿te habría gustado?

Respuestas al texto de **Epa acsos**

1. Es una noticia de prensa y podría aparecer en la primera página de cualquier rotativo.

2. En *Epa (Apnoto)*; *Epa* puede ser el barrio, pueblo o ciudad; y *Apnoto*, la comarca, provincia o estado. Lo sabemos porque estas palabras ocupan la posición habitual de los topónimos que localizan cada noticia.

3. Algo así como *Más información pág. 4.*

4. Debe ser la agencia propietaria de la fotografía.

5. Las que ocupan las posiciones relevantes del texto (titulares, primer párrafo, inicio de frase), o las más repetidas. Por ejemplo: *Epa, acsos, gecio, satopo, entredea...*

6. Las del final del texto, las menos repetidas o las cortas y presumiblemente gramaticales. Por ejemplo: *camible, ha, et, de, para...*

7. Explican, sitúan o comentan la fotografía.

8. Establecen jerarquías de información. Siguiendo la estructura de *pirámide* de la noticia: lo más básico e importante se dice al principio y los complementos o los detalles más adelante o al final. Las variaciones tipográficas destacan estas distinciones.

16. PINTAR O RECONSTRUIR

> *Escribir es reescribir.*
>
> DONALD M. MURRAY
>
> *La persona que no comete errores no suele hacer nunca nada.*
>
> E. J. PHELPS

Empiezo con inquietud este último capítulo —¡en orden de posición!–. Me ronda por la cabeza desde que he empezado a escribir esta *cocina*. No me gusta que esté aquí. ¡Aquí! ¡Precisamente aquí! ¡Al final del libro! Hubiera querido poder colocarlo más adelante, después de *El crecimiento de las ideas* y de *Cajones y...* ¡Pero llega muy tarde! Estos dos capítulos enlazan muy bien uno con otro, y este tercero tendría que haberlo metido con un calzador.

Repito: no me gusta nada dejarlo aquí, este capítulo. Si ya es un prejuicio muy extendido que la revisión se tiene que hacer al final y sólo al final, todavía remacho el clavo hablando de este tema aquí y no antes. ¿Cómo puedo afirmar que la revisión es esencial, que se tiene que realizar durante todo el proceso de escritura y que afecta a todo el escrito, si sólo le dedico un capitulito al final, nueve páginas justitas? ¿Quién me creerá?

Ya que no encuentro solución y, así pues, el capítulo se queda aquí, al final de la *cocina*, aprovecho retóricamente mis inquietudes, las confieso con sinceridad, escribo este encabezamiento y así pido perdón por mis faltas. Incluso consigo atraer el interés de mi lector o lectora.

APRENDICES Y EXPERTOS

En ningún otro apartado del proceso de redacción se nota tanto la diferencia entre aprendices y expertos como en la revisión. La investigación científica demuestra que unos y otros se comportan de manera absolutamente distinta cuando revisan, hasta el punto de que realizan dos actividades distintas, aunque se las llame del mismo modo: los primeros sólo reparan las averías de su prosa (errores, incorrecciones, defectos), mientras que los segundos aprovechan la revisión para mejorar el escrito de pies a cabeza, para hacerlo más claro, intenso, completo. Para los aprendices consiste en dar una capa de pintura a la prosa; para los segundos se trata de reconstruir el edificio del texto desde los cimientos.

Flower (1989) describe con detalle el comportamiento durante la revisión de escritores aprendices y expertos. El siguiente esquema compara los objetivos, las técnicas y el método de trabajo de unos y otros:

DIFERENCIAS EN EL PROCESO DE REVISIÓN

APRENDICES	EXPERTOS
Objetivo:	
• La revisión sirve para corregir errores y pulir la prosa.	• La revisión sirve para mejorar globalmente el texto.
Extensión:	
• La revisión afecta a palabras o frases aisladas.	• Afecta a fragmentos extensos de texto, las ideas principales y la estructura.
Técnicas:	
• La técnica más usada es tachar palabras.	
• Piensan: *esto no suena bien, esto es incorrecto.*	• Tratan la revisión como una parte del proceso de desarrollar y redactar ideas.
Manera de trabajar:	
• Revisan al mismo tiempo que leen el texto. Avanzan palabra por palabra.	• Deciden cómo se tiene que revisar: leyendo el escrito, detectando errores, reformulándolos, etc.
	• Tienen objetivos concretos y una imagen clara de cómo quieren que sea el texto. Durante la revisión, comparan esta imagen con el texto real.

- Cuando detectan un problema, lo resuelven rápidamente.

- Dedican tiempo a diagnosticar el problema y planifican cómo pueden enmendarlo.

¿En qué bando te sitúas tú? ¿En la izquierda o en la derecha? ¿Revisas como un aprendiz o como un experto? ¿Con quién te identificas y en qué grado?

En resumen, los aprendices sólo saben revisar en la superficie del texto, con unidades locales como letras, palabras o expresiones, que leen y rectifican instintivamente cuando detectan alguna falta. Actúan sobre todo con criterios de corrección y gramática, intentando eliminar los defectos del escrito. Suelen sentir la revisión como una operación enojosa, aburrida, mecánica, que se tiene que realizar obligatoriamente, y que —¡qué remedio!— hacen con rapidez y desgana.

En cambio, los expertos se mueven en todos los niveles del texto, también con unidades globales y más profundas como ideas, párrafos, puntos de vista, enfoques, etc. Son capaces de revisar selectivamente, concentrándose en aspectos distintos. No esperan a encontrar problemas para actuar: pueden rehacer frases o ideas ya correctas para darles una forma o un sentido mejores. Tienen criterios definidos sobre lo que quieren conseguir y utilizan métodos variados para conseguirlo, según las circunstancias. Para ellos y ellas, revisar forma parte del acto de escribir, es un componente creativo que les permite avanzar e inventar cosas nuevas. No les provoca más pereza o aburrimiento que otras operaciones de la escritura.

Por estas razones, los expertos no esperan a tener una versión completa del texto para revisar. Pueden valorar listas de ideas, notas, apuntes, esquemas, borradores o incluso los planes o las intenciones que todavía no tienen forma escrita, que sólo son pensamientos mentales más o menos huidizos. Utilizan la revisión en cualquier momento del largo proceso de composición del escrito, como una manera de valorar la tarea hecha y de rectificarla para que se adapte mejor a sus propósitos.

El siguiente esquema muestra la posición central que ocupa la revisión y la conexión que tiene con el resto de procesos de escritura:

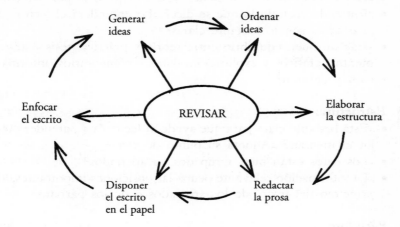

En conclusión, revisar es mucho más que una técnica o una supervisión final del escrito: implica una determinada actitud de escritura y un estilo de trabajo. Los aprendices que quieran modificar su comportamiento, no sólo tienen que entrenarse en un ejercicio técnico sino que deben desarrollar una actitud y unos valores sustancialmente nuevos respecto a la escritura.

GUÍA DE REVISIÓN

He aquí una pauta de revisión para tener en cuenta todos los aspectos del texto. La puedes utilizar en todos los momentos del proceso de revisión.

GUÍA DE PREGUNTAS PARA REVISAR

1. **Enfoque del escrito**:
   - ¿El tipo de texto es adecuado a la situación?
   - ¿Consigue el texto mi propósito? ¿Queda claro lo que pretendo?
   - ¿Reaccionará el lector/a tal como espero, al leer el texto?
   - ¿Quedan claras las circunstancias que motivan el escrito?

2. **Ideas e información:**
   - ¿Hay la información suficiente? ¿Ni en exceso ni por defecto?
   - ¿Entiendo yo todo lo que se dice? ¿Lo entenderá el lector/a? ¿Las ideas son lo bastante claras?
   - ¿Hay un buen equilibrio entre teoría y práctica, tesis y argumentos, gráficos y explicación, datos y comentarios, información y opinión?

3. **Estructura:**
   - ¿Está bastante clara para que ayude al lector/a a entender mejor el mensaje? ¿Adopta su punto de vista?
   - ¿Los datos están bien agrupados en apartados?
   - ¿La información relevante ocupa las posiciones importantes, al principio del texto, de los apartados o de los párrafos?

4. **Párrafos:**
   - ¿Cada párrafo trata de un subtema o aspecto distinto?
   - ¿Tienen la extensión adecuada? ¿No son demasiado extensos? ¿Hay algún párrafo-frase?
   - ¿Tiene cada uno una frase temática o tesis que anuncie el tema?
   - ¿Están bien marcados visualmente en la página?

5. **Frases:**
   - ¿Hay muchas frases negativas, pasivas o demasiado largas?
   - ¿Son variadas: de extensión, orden, modalidad, estilo?
   - ¿Llevan la información importante al principio?
   - ¿He detectado algún tic de redacción?
   - ¿Hay abuso de incisos o subordinadas muy largas?

6. **Palabras:**
   - ¿He encontrado algún comodín, cliché, muletilla o repetición frecuente?
   - ¿Hay muchas palabras abstractas o complejas? ¿He utilizado el léxico o la terminología precisos?
   - ¿Utilizo los marcadores textuales de manera adecuada?
   - ¿El lector/a entenderá todas las palabras que aparecen en el texto?

7. **Puntuación:**
   - ¿He repasado todos los signos? ¿Están bien situados?
   - ¿Es apropiada la proporción de signos por frase?
   - ¿Hay paréntesis innecesarios?

8. **Nivel de formalidad:**
   - ¿Es adecuada la imagen que el texto ofrece de mí? ¿Me gusta?
   - ¿El escrito se dirige al lector/a con el tratamiento adecuado? *¿Tú o usted?*
   - ¿Hay alguna expresión o palabra informal o demasiado vulgar?
   - ¿Se me ha escapado alguna expresión rebuscada, extraña o excesivamente compleja?
   - ¿Hay alguna expresión sexista o irrespetuosa?

9. **Recursos retóricos:**
   - ¿El texto atrae el interés del lector/a?
   - ¿La prosa tiene un tono enérgico?
   - ¿Hay introducción, resumen o recapitulación? ¿Son necesarios?
   - ¿Puedo utilizar algún recurso de comparación, ejemplos, preguntas retóricas, frases hechas, etc.?

10. **Presentación:**
    - ¿Cada página es variada, distinta y atractiva?
    - ¿Utilizo las cursivas, las negritas y las mayúsculas de manera racional?
    - ¿Son claros los esquemas, los gráficos, las columnas?
    - ¿Los márgenes, los títulos y los párrafos están bien marcados?
    - ¿El texto da lo que el título promete?

Como otras veces, los diez mandamientos o consejos deben resumirse en uno, que es el que cualquier escritor debería tener escrito con letra grande en la primera hoja del cuaderno —o quizás pegado a la pantalla del ordenador, con letra roja—. Es la pregunta última y decisiva, la que puedes y debes formularte en todo momento: *¿Ésta es la mejor versión de este texto que soy capaz de escribir?* Como una pintura que no acaba, sin fin, sin meta, la escritura siempre puede llegar más allá... ¡puede ser interminable y horrorosa!

Pero no siempre se tiene que revisar siguiendo esta especie de brújula de preguntas que es la lista anterior. Los tratados de redacción ofrecen ideas variadas e incluso curiosas para mejorar un borrador. Los diez *truquillos* siguientes son una selección personal hecha a partir de Murray (1987), Richaudeau (1978) y Flower (1989). Léelos y escoge tus técnicas preferidas para revisar.

DIEZ TRUQUILLOS PARA REVISAR

1. Leer como un escritor/a. Un fotógrafo observa las fotos de manera muy distinta a un profano. Lee tu escrito como un auténtico *profesional*. No tengas respeto por nada. Todo puede cambiar, todo puede mejorar. Cada página está llena de nuevas posibilidades. ¿El papel dice exactamente lo que está en tu mente? ¿Se entiende todo? Arregla lo que no sea aún bastante bueno.

2. Leer como un lector/a. Eres tu propio lector por unos momentos. Métete dentro de él o ella (si lo conoces, todavía te será más fácil). Lee el escrito y detente en cada párrafo. ¿Qué piensas? ¿Lo entiendes? ¿Estás de acuerdo? ¿Cómo rebatirías lo que dice? ¿Qué opinión tienes de eso? Apunta todas tus respuestas y, cuando hayas terminado, analízalas desde tu óptica real de autor. Di: ¿qué puedo hacer para evitar lo negativo que ha pensado «el lector»?

3. Hablar con un lector/a real. Pide a un amigo o a un colega que lea tu escrito. Pídele que diga cuál es, según su opinión, el objetivo fundamental del texto y sus ideas principales. Escucha con atención lo que te diga. No te justifiques. ¿Cómo puedes aprovechar sus opiniones?

4. Imaginar un diálogo con el lector/a. Si no hay lectores reales, ¡imagínatelos! Imagina que visitas a tu lector real (en el despacho, en su casa, en la escuela) y que le cuentas el contenido del texto. ¿Qué te diría?, ¿cómo reaccionaría? ¿Qué le responderías tú? Imagina el diálogo que podríais tener. Utilízalo para enmendar tu escrito.

5. Adoptar una actitud crítica. Relee el texto como si fueras un crítico implacable, con actitud dura. Exagera los errores, busca todo lo

234

que los lectores puedan caricaturizar. No dejes títere con cabeza. Después, recupera el tono racional y valora si estas críticas tienen algún fundamento. Si acaso, rectifica los excesos.

6. **Oralizar el escrito.** El oído puede descubrir lo que no ha descubierto el ojo. Lee el texto en voz alta como si estuvieras diciéndolo a una audiencia. Escucha como suena: ¿queda bien?, ¿te gusta?

7. **Comparar planes.** Compara la versión final de tu escrito con los planes iniciales que habías trazado. Si para poner en marcha la composición habías practicado alguna técnica concreta [pág. 53], compara lo que anotaste en aquel momento con el producto final. ¿Has olvidado algo? ¿Responde a lo que te habías planteado?

8. **Tests fluorescentes.** Si te gustan los rotuladores de colores y las técnicas sofisticadas, ésta puede ser tu herramienta preferida. Necesitarás dos rotuladores fluorescentes, (rojo y verde), algunas fotocopias de tu texto y seguir los siguientes pasos, de acuerdo con las reglas del semáforo:

- Marca con color rojo los grupos nominales y con verde los verbales: si la página adquiere un tono rojizo... ¡muy mal! Para y revisa la sintaxis [pág. 111].

- Marca con rojo las frases que tengan el orden sintáctico estricto de sujeto-verbo-complementos, y con verde las que varíen. Si tu escrito tiene más sangre que verdura, es demasiado monótono.

- Con rojo, las palabras abstractas y los verbos en forma pasiva; con verde, las palabras concretas y los verbos activos. ¡Ojo, si has utilizado mucho el rojo!

En resumen, el color rojo te exige que pares y reconsideres tu trabajo. El verde te deja vía libre.

9. **Programas de ordenador.** Si dispones de un buen equipo informático o si puedes utilizarlo en algún lugar, no dejes pasar la ocasión de verificar la ortografía, la gramática o la legibilidad con pro-

gramas automáticos. La lenta informática detecta imperfecciones tipográficas u olvidos camuflados que han burlado la mirada humana. ¡Las máquinas nos humillan!

10. **Hacer resúmenes.** Lee el texto y resume en una frase corta el mensaje esencial que comunica. Haz una lista de las cinco ideas más importantes que la fundamentan. Busca un título concreto para cada párrafo. Después, responde: ¿Las frases designan exactamente lo que querías decir?, ¿te gusta la organización de los párrafos?, ¿crees que es la mejor posible?

Para terminar, vale la pena recordar uno de esos maravillosos aforismos del malogrado y conocido doctor Eduardo Torres (Augusto Monterroso, 1978): «Todo trabajo literario debe corregirse y reducirse siempre. *Nulla dies sine linea.* Anula una línea cada día.»

EPÍLOGO
Decálogo de la redacción

Primero se habla de lo que se hablará, después se habla y al final se habla de lo que se ha hablado.

ORATORIA CLÁSICA

No hay brebajes mágicos ni recetas instantáneas para escribir. No se puede pasar, de la noche al día, de la vacilación de un aprendiz a la confianza del experto, de la ingenuidad a la madurez. Ningún catecismo puede sustituir el entrenamiento que impone la redacción: un poso amplio de lecturas, técnica y pasión a partes iguales, dedicación inagotable, la paciencia del relojero que engarza los engranajes de un despertador, etc. Como el pinche de cocina que no sabe ligar un alioli, pero que con el tiempo llega a preparar sofritos refinados, del mismo modo el aprendiz de escritura aprende su oficio.

Hace ya tiempo osé escribir este *Decálogo*, a petición de algunos oyentes y aprendices que me pedían, resumidas en unos pocos consejos, todas las enseñanzas de esta *cocina*. Tiene todo lo que implican de bueno y de estúpido a la vez este tipo de documentos: dice lo más esencial, pero reduce la sabiduría a diez frases. Me gustaría que estos diez consejos los aprovecharan los más despistados y que los criticaran —o los tiraran— los más entendidos. Aquí los tenéis, primero en forma reducida y después expandida:

DECÁLOGO DE LA REDACCIÓN

1. No tengas prisa.
2. Utiliza el papel como soporte.
3. Emborrona.
4. Piensa en tu audiencia.
5. Deja la gramática para el final.
6. Dirige tu trabajo.
7. Fíjate en los párrafos.
8. Repasa la prosa frase por frase.
9. Ayuda al lector a leer.
10. Deja reposar tu escrito.

---

1. No empieces a escribir inmediatamente. No tengas prisa. Date tiempo para reflexionar sobre lo que quieres decir y hacer (el texto, el propósito, el lector...).

Una extraña y desconocida fuerza nos arrastra a menudo a escribir en seguida que se nos presenta la necesidad de hacerlo, a rellenar la hoja con garabatos y a dar la tarea por concluida cuando llegamos al final del papel. ¡Basta de precipitaciones! Dedica tiempo, antes de empezar a escribir, a pensar en las circunstancias que te llevan a hacerlo, en la audiencia que te leerá, en lo que quieres escribir, en tu propósito, en el estilo que quieres dar al texto.

¡Ordénate! Racionaliza el tiempo de que dispones y planifica tu redacción: ¿por dónde empezarás?, ¿cómo?, ¿cuántos borradores harás?, ¿cómo los revisarás?, ¿dispones de todo el material necesario?

2. Utiliza el papel como soporte. Haz notas, listas y esquemas. No te preocupes si están sucios, mal hechos o si no se entienden.

Al principio, concéntrate en el contenido. Busca ideas, tesis, ejemplos, datos, etc. Aprovecha las técnicas de búsqueda y organización de la información: torbellino de ideas, palabras clave, estrellas, cubos, esquemas, mapas, etc. Apúntalo todo. Cualquier detalle puede ser importante.

Utiliza el papel blanco como soporte de trabajo. ¡No seas tan remirado, ahora! Que no te entorpezcan los hábitos escolares de guardar márgenes a izquierda y derecha, líneas rectas o caligrafía muy clara. Usa la hoja para construir tus ideas y deja para más adelante, para otras hojas en blanco, la tarea de pulir la imagen del escrito. Ahora sólo estás comunicándote contigo mismo.

3. Emborrona, borrajea, garabatea todo lo que haga falta. No tengas pereza de reescribir el texto una y otra vez.

Emborrona, borrajea... ¿Cómo? Hacer borradores, pruebas, ensayos... Haz todos los que haga falta hasta que estés contento y satisfecho de tu texto. *Escribir es reescribir,* ¡recuerda! No te sientas inoperante o estúpido por el hecho de borronear. ¡De eso nada! ¿Crees que para los escritores que te gustan, para aquellos que escriben lo que tú querrías haber escrito, escribir es pan comido? ¡No lo hacen por arte de magia! Escribir le cuesta a todo el mundo, a unos más que a otros, y es habitual —¡normal!— tener que garabatear, releer, revisar, retocar y borronear para mejorar lo que escribes.

4. Piensa en tu audiencia. Escribe para que pueda entenderte. Que tu texto sea un puente entre tú y ella.

Escribir es hablar por escrito. Si no tienes a tu oyente delante, conviene que lo guardes en el recuerdo, en el pensamiento. Escribe para él o ella y facilítale la tarea de comprenderte. Usa palabras que comparta contigo, explícale bien y poco a poco lo que sea difícil —¡tal como lo harías en una conversación!—, antícípale lo que le contarás, resúmeselo al final. Asegúrate de que te entenderá. Si le abandonas tú, mientras escribes, te abandonará también él cuando te lea.

5. Deja la gramática para el final. Fíjate primero en lo que quieras decir: en el significado.

No vale la pena dedicarse a la forma, a los detalles superficiales, al inicio de la composición. Dedica tus primeros esfuerzos a lo que de verdad es importante: al significado global del texto, a la estructura, a ordenar y aclarar ideas, a hacer más comprensible tu mensaje. Haz como el arquitecto que dibuja los planos de una casa antes de comenzar a construirla. No hagas el trabajo del pintor o del decorador cuando aún no se ha levantado el edificio. ¡No empieces la casa por el tejado!

6. Dirige conscientemente tu composición. Planifícate la tarea de escribir.

¡No lo hagas todo! ¡No lo hagas todo de golpe! Es muy difícil conseguirlo todo a la primera: tener ideas brillantes, ordenarlas con coherencia, escribir una prosa clara, sin faltas, etc. Dedícate selectivamente a cada uno de los procesos que componen la escritura: buscar información, planificar, redactar, revisar, etc. Dirígelos del mismo modo que un director de orquesta dirige a sus músicos: ordena cuándo entra el violín, y cuándo tiene que callar la trompa. En la escritura, tus instrumentos son los procesos de composición. ¡Que toquen música celestial!

No te dejes arrastrar por el chorro de la escritura, por la pasión del momento o por los hábitos adquiridos... Te perderías: encallarías, te bloquearías, perderías el tiempo y harías esfuerzos innecesarios. Sé consciente de lo que haces y aprovecharás mejor el tiempo. Decide cuándo quieres que la memoria te vierta ideas, cuándo cierras su grifo de ideas y datos —antes de que se seque— y pones orden en tal desbarajuste, cuándo y cómo escoges las palabras precisas para cada concepto, o cuándo abres la puerta a todo lo que tienes de maniático/a y riguroso/a para examinar cada coma y cada recoveco sintáctico.

7. Fíjate en los párrafos: que se destaque la unidad de sentido y de forma, que sean ordenados, que empiecen con una frase principal...

Imagínate el escrito como una muñeca rusa: un texto, un capítulo, un párrafo, una frase. Cada oración matiza una idea, cada párrafo concluye un subtema, y el escrito completo agota el mensaje. Haz que tu texto conserve este orden y que tu audiencia pueda captarlo. Comprueba que cada párrafo tenga unidad, que ocupe el lugar que le corresponda y que arranque con la idea principal. Procura que tenga una extensión comedida. Evita los párrafos-frase de dos líneas o los párrafos-lata de más de quince.

8. Repasa la prosa frase por frase, cuando hayas completado el escrito. Cuida que sea comprensible y legible. Busca economía y claridad.

Palabras y frases se enredan en el papel, porque nuestro pensamiento no siempre fluye de manera transparente. La sintaxis se rompe; se desordena el orden de los vocablos; crecen huecos en el entramado del significado; se escapan muletillas, repeticiones y comodines; la paja esconde el grano... ¡No te impacientes! Es normal. Dedica las últimas revisiones a pulir la prosa. Busca un estilo claro y llano. Poda las ramas que tapan el tallo central, las palabras que sobran; deshaz los líos sintácticos, escoge los vocablos más elegantes, los más precisos... Haz como el decorador que arregla una habitación y sabe añadir un pequeño toque personal.

9. **Ayuda al lector a leer. Fíjate que la imagen del escrito sea esmerada. Ponle márgenes: subtítulos, números, enlaces...**

Leer también es conducir: recorremos palabra por palabra la carretera que va de una mayúscula inicial a un punto final. Procura que el camino sea leve. Marca los arcenes, tapa los baches del asfalto. Avisa al lector de los puertos de montaña y de los cruces peligrosos (el sentido de las palabras, las ideas importantes, los cambios de tema...). Dibuja un plano claro de la carretera antes de iniciar el viaje y déjalo comprender con facilidad: que el lector se divierta conduciendo y disfrutando del paisaje.

10. **Deja reposar tu escrito en la mesita. Déjalo leer a otra persona, si es posible.**

El tiempo, ese juez lento e implacable, te mostrará tu escrito con unos ojos nuevos. Deja pasar dos días, una semana, un mes, entre la redacción y la revisión, y tus ojos descubrirán cosas que no habían notado antes.

Cuatro ojos siempre ven más que dos. Y si se trata de dos ojos distintos, verán un texto diferente. Éste es el examen más auténtico que puedes hacer de tu escrito. Pregunta a tu cómplice lector todo lo que quieras. Escucha lo que tenga que decirte. No te justifiques ni te defiendas. Aprovecha sus críticas para mejorar el texto. Aún no es tarde. Todo lo que puedas enderezar ahora no se te discutirá más tarde... ¡cuando llegue aquel momento en el que los autores tenemos que dar cuenta de nuestras obras!

Y termino con el quinto mandamiento de otro decálogo, ya citado en otras partes de esta *cocina*: el *Decálogo del escritor* del doctor Eduardo Torres, *alter ego* del escritor Augusto Monterroso (1978):

> *Aunque no lo parezca, escribir es un arte;*
> *ser escritor es ser un artista,*
> *como el artista del trapecio*
> *o el luchador por antonomasia,*
> *que es el que lucha con el lenguaje;*
> *para esta lucha*
> *ejercítate de día y de noche.*

ABREVIATURAS DE LOS EJEMPLOS

Las salsas y las guarniciones que aliñan esta cocina, es decir, los ejemplos de aquí y de allá, son reales en su mayoría. Proceden de periódicos, revistas, libros variados, literatura, correspondencia, o de escritos de aprendices de redacción. La abreviatura que figura al final de cada uno identifica el nombre de la publicación y la fecha, o su autor. Los fragmentos con nombre completo y año (como Ferrater, 1966) deben buscarse en la bibliografía general; el resto, en la lista que sigue a continuación. También hay algunos textos sin referencia que ha redactado un servidor para la ocasión.

Me ha guiado el propósito de ilustrar cada uno de los accidentes de la prosa. He estado buscando y guardando ejemplos desde hace tiempo, y reconozco que lo he hecho con premeditación, pero sin alevosía. Dado que son fragmentos minúsculos y aislados, no tienen ningún otro valor y no pueden considerarse representativos del estilo de los textos donde aparecieron, o de las publicaciones donde se difundieron. Por eso no me ha parecido correcto dar los nombres de los periodistas, los alumnos y, en definitiva, los autores y autoras de los fragmentos que critico. ¡No querría de ningún modo que esta *cocina* se convirtiera en un *chismorreo* de la escritura!

ABC	= *ABC*. Madrid. Prensa Española, S.A.
AC	= Alícia Company
Al	= Alumno/a sin identificar.
Ausona	= *Ausona*. Vic. Semanario de la comarca de Osona.
Avui	= *Avui*. Barcelona. Premsa Catalana, S.A.
Cádiz	= *Diario de Cádiz*. Cádiz. Federico Joly, S.A.

CIFA	= Carta del Centre d'Investigació, Formació i Assessorament de la Diputació de Barcelona.
Clarín	= *Clarín*. Buenos Aires.
CRIP	= «Curs de redacció d'informes i propostes», ver Cassany (1992).
CRP	= Centre de Recursos Pedagògics del Baix Penedès (1991) *Coneguem la comarca. El Baix Penedès*. Grup de Ciències Socials.
DA	= Dolors Alà
DCo	= Delfina Corzán
DdA	= *Diari d'Andorra*. Andorra la Vella.
Diario 16	= *Diario 16*. Madrid. Prensa, S.A.
Diario 16 G	= *Diario 16 de Galicia*. Vigo. ACSA.
EFP	= Comunicación interna de la Escola de Formació del Professorat d'EGB de la Universitat de Barcelona.
El Comercio	= *El Comercio*. Gijón. El Comercio, S.A.
El Correo	= *El Correo Español* (Ed. La Rioja). Bilbao. El Correo S.A.
El Diario	= *El Diario Montañés*. Santander. Editorial Cantabria, S.A.
El Mundo	= *El Mundo*. Madrid. Unidad Editorial, S.A.
El País	= *El País*. Madrid. El País, S.A. Edición de Barcelona.
El Periódico	= *El Periódico de Catalunya*. Barcelona. Primera Plana.
EV	= Elisenda Vergés
Faro	= *Faro de Vigo*. Vigo. Faro de Vigo, S.A.
GEC	= Gran Enciclopèdia Catalana
GM	= Griselda Martí
GS	= Glòria Serres
JB	= Joan J. Barahona
Heraldo	= *Heraldo de Aragón*. Zaragoza. Heraldo de Aragón, S.A.
HN	= *Hora Nova*. Periòdic independent de l'Empordà.
La Nación	= *La Nación*. Buenos Aires.
La Rioja	= *La Rioja*. Logroño. Nueva Rioja, S.A.
La Vanguardia	= *La Vanguardia*. Barcelona. T.I.S.A.
La Voz	= *La Voz de la Rioja*. Logroño. Nuevo Diario, S.A.
Levante	= *Levante*. València.
MG	= Marta Gonzàlez
Menorca	= *Menorca*. Periódico insular.
MTS	= M. Teresa Sabater

ND   = *Nou Diari.* Reus.
PF   = Pere Franc
Sur   = *Sur.* Málaga. Prensa Malagueña, S.A.
VC   = Victòria Colom

BIBLIOGRAFÍA

ABC. (1993) *Libro de estilo de* ABC. Barcelona. Ariel.

AGENCIA EFE (1989) *Normas básicas para los servicios informativos de la* Agencia Efe. Madrid. Agencia Efe.

ALCINA FRANCH, J.; BLECUA, J. M. (1989) *Gramática española*. Barcelona. Ariel (7.ª ed.).

AVUI. (1988) *Llibre d'estil*. Edición provisional y de uso interno. Inédita.

BARRASS, R. (1978) *Scientists Must Write. A Guide to Better Writing for Scientists, Engineers and Students*. Londres. Chapman & Hall.

BAILEY, E. P. Jr. (1990) *The Plain English Approach to Business Writing*. Oxford UP.

BEINHAUER, W. (1978) *Spanische Umgangssprache*. Bonn: Dümmlers, 1958. (Versión española: *El español coloquial*. Madrid. Gredos, 1964. 3.ª ed.)

BELLO, A. (1988) *Gramática de la lengua castellana*. Madrid. Arco libros.

BENET, JUAN. (1982) «La historia editorial y judicial de *Volverás a región*». En: *La moviola de Eurípides*. Madrid. Taurus.

BERD, H.; CERF, C. (1992) *The official Politically Correct Dictionary & Handbook*. Glasgow. Grafton.

BERNHARD, T. (1978) *Der Stimmenimitator*. Frankfurt. Suhrkamp. (Versión castellana de Miguel Sáenz: *El imitador de voces*. Madrid. Alfaguara, 1984.)

BLANCO SOLER, J. M. (1993) «Una propuesta de libro de estilo». Tesis doctoral. Universitat Autònoma de Barcelona.

BLICQ, R. S. (1990) *Guidelines for Report Writing*. Ontario. Prentice-Hall.

BOICE, R.; MYERS, P. E. (1986) «Two Parallel Traditions. Automatic Writing and Free Writing». *Written Communication*, vol. 3; n.º 4, octubre, 471-490.

BOOTH OLSON, C. (1987) *Practical Ideas for Teaching Writing as a Process*. Sacramento. California State Department on Education.

BUZAN, T. (1974) *Use Your Head*. Londres. BBC Publications. (Versión castellana: *Cómo utilizar su memoria*. Madrid. Deusto. 1990.)

CABRÉ, M. T. (1993) *La terminologia. La teoria, els mètodes, les aplicacions*. Barcelona. Empúries. (Versión castellana de Carles Tebé: *La terminología. La teoría, los métodos, las aplicaciones*. Barcelona. Antártida/ Empúries. 1993.)

CAMPS, A. (1990a) «Modelos del proceso de redacción: algunas implicaciones para la enseñanza». *Infancia y aprendizaje*, 49, 3-19.

——. (ed.). (1990b) *Text i ensenyament. Una aproximació interdisciplinària*. Barcelona. Barcanova.

——. (1994) *L'ensenyament de la composició escrita*. Barcelona. Barcanova.

CANAL SUR TELEVISIÓN (1991) *Libro de estilo de* Canal Sur Televisión. Sevilla. Canal Sur Televisión.

CAPLAN, R. (1987) «Showing, not Telling. A Training Program for Student Writers». En: Booth Olson (1987).

CASADO, M. (1988) *El castellano actual. Usos y normas*. Pamplona. Eunsa. (4.ª edición, 1993).

CASSANY, D. (1987) *Descriure escriure. Com s'aprèn a escriure*. Barcelona. Empúries. (Versión castellana: *Describir el escribir. Cómo se aprende a escribir*. Barcelona. Paidós, 1988.)

——. (1990) «Enfoques didácticos para la enseñanza de la expresión escrita». *Comunicación, lenguaje y educación*, 6, 63-80.

——. (1991) «Dues idees per millorar un text escrit». Suplement COM 8. *A l'entorn de la gramàtica textual*. Barcelona. Generalitat de Catalunya, 66-69.

——. (1992) *Curs de redacció d'informes i propostes.* Barcelona. Escola d'Administració Pública de Catalunya (ejemplar multicopiado).

CASTELLÀ, J. M. (1992) *De la frase al text. Teories de l'ús lingüístic.* Barcelona. Empúries.

CERVANTES, M. (1978) *El ingenioso hidalgo Don Quijote de la Mancha, I, II.* Ed. de Luis Andrés Murillo. Madrid. Castalia.

CLIC. (1986) *Plain Language and the Law.* Canadian Law Information Council (ejemplar multicopiado).

COLBY, J. B. (1971) «Paragraphing in Technical Writing». En: Harkins y Plung (1982), p. 104-106.

COROMINA, E. (1991) *Llibre d'estil de* EL 9 NOU. Vic. EUMO.

COROMINA, E.; RÚBIO, C. (1989) *Técnicas de escritura.* Barcelona. Teide.

CORTÁZAR, J. (1976) «No se culpe a nadie». En: *Los relatos 2. Juegos.* Madrid. Alianza.

DELISAU, S. (1986) *Las comunicaciones escritas en la empresa.* Barcelona. De Vecchi.

DE RIQUER, M.; COMAS, A. (1964) *Història de la literatura catalana.* Barcelona. Ariel.

Diccionario de la edición y de las artes gráficas. (1990) Madrid. Fundación Germán Sánchez Ruipérez.

EAGLESON, R. D. (1990) *Writing in Plain English.* Canberra. Australian Government Publishing Service.

ECO, U. (1991) «La revanche de l'écrit». *Le nouvel observateur,* 1408.

ECOLINGÜISTES ASSOCIATS. (1992) «Per un llenguatge solidari». *Menorca,* 28 de noviembre.

ELBOW, P. (1973) *Writing without teachers.* Oxford UP.

EL PAÍS. (1990) *Libro de estilo de* El País. Madrid. El País (7.ª ed.).

ENHER. (1991) «L'aire condicionat: un nou confort». En: *Enher Magazine.* Barcelona. p. 23-25.

ESPINÀS, J. M. (1986) «Redactar és ordenar-se» *AVUI.* 2 de noviembre.

FERNÁNDEZ BEAUMONT, J. (1987) *Estilo y normas de redacción en la prensa de prestigio.* Madrid. Sociedad General Española de Librería, S.A.

FERNÁNDEZ DE LA TORRIENTE, G.; ZAYAS-BAZÁN, E. (1989) *Cómo escribir cartas eficaces.* Madrid. Playor.

FERRATER, G. (1966) «Franz Kafka». En: Kafka, F. *El Procés.* Barcelona. Proa.

FLESCH, R. (1949) *The Art of Readable Writing.* Nueva York. Collier Books & Macmillan Publishing Company.

FLESCH, R.; LASS, A. H. (1947) *A New Guide to Better Writing.* Nova York. Warner Books.

FLETCHER, J.; GOWING, D. (1988) *The Business Guide to Effictive Writing.* Londres. Kogan Page Ltd. (Versión castellana: *La comunicación escrita en la empresa.* Bilbao. Deusto.)

FLOWER, L. (1989) *Problem-Solving Strategies for Writing.* Orlando Harcourt Brace Jovanovich Pub. (3.ª ed.).

FRANCE-PRESSE. (1989) *Problem-Solving Strategies for Writing.* Orlando. Harcourt Brace Jovanovich Pub. (3.ª ed.).

FRANCE-PRESSE. (1982) *Manuel de l'agencier.* Edición multicopiada.

GABAY, M. (ed.). (1991) *Guide d'expression écrite.* París. Références Larrousse.

GALÍ CLARET, B. (1896) *Nueva gramática castellana con numerosos ejercicios prácticos de composición y redacción y un tratado de las cualidades esenciales de la elocución (estilo) y de las particulares de la descripción, de la narración y de la carta.* 2.ª parte. Barcelona. Editorial Salvador Manero (2.ª edición reformada).

GARCÍA MESEGUER, A. (1994) *¿Es sexista la lengua española?* Barcelona. Paidós.

GARRIDO, C. (1989) *Manual de correspondencia comercial moderna.* Barcelona. De Vecchi.

GERGELY, T. (1992) *Information et Persuasion. Écrire.* Bruselas. De Boeck Université.

GOLDBERG, N. (1990) *Writing Down the Bones. Freeing the Writer Within.* Boston. Shambhala. (Versión castellana de Rosanna Zanarini: *El gozo de escribir.* Barcelona. Los libros de la liebre de marzo. 1993.)

GÓMEZ TORREGO, L. (1993) *Manual de español correcto.* Madrid. Arco libros.

GORDON WELLS. (1981) *The Successful Author's Handbook.* Londres. Macmillan Press.

—— (ed.). (1992) *The Best of Writers' Monthly.* Londres. Allison & Busby.

GOULD. (1954) «How does your Writing Measure Up... ...at these Nine Vital Points». En: Harkins y Plung (1982), 129-133.

GRAY, J. R. (1987) «The California Writing Project». En: Booth Olson (1987), 1-3.

GREIF, L. R. (1969) «How to get dullness out of your writing». En: Harkins y Plung (1982) 127-128.

GRISELIN, M.; CARPENTIER, CH.; MAÏLLARDET, J. (1992) *Guide de la communication écrite. Savoir rédiger, illustrer et présenter rapports, dossiers, articles, mémoires et theses.* París. Dumont.

GUILLEM DE BERGUEDÁ i altres trobadors. (1986) *Obra poètica.* Berga. L'albí.

HARKINS, C.; PLUNG, D. L. ed. (1982) *A Guide for Writing Better Technical Papers.* Nueva York. IEEE Press.

HAUSER, R. (1989) *Concevoir et rédiger des mailings efficaces.* París. Les Éditions d'Organisation. (Versión castellana: *Cómo concebir y redactar una publicidad directa eficaz.* Bilbao. Deusto.)

HENRY, G. (1987) *Comment mesurer la lisibilité.* Bruselas. Labor.

«Indicacions per evitar la discriminació per raó de sexe en el llenguatge administratiu» (sin fecha). Librito informativo. Barcelona. Comissió Interdepartamental de Promoció de la Dona. Generalitat de Catalunya.

INSTITUTO DE LA MUJER. (1990) *Uso no sexista del lenguaje administrativo.* Madrid. Ministerio de Asuntos Sociales/Ministerio para las Administraciones Públicas.

«la Caixa». (1991) *Llibre d'estil de* «la Caixa». Barcelona. «la Caixa»

KIRKMAN, J. (1992) *Goodstyle. Writing for Science and Technology.* Londres. E & FN SPON.

LA VANGUARDIA. (1986) *Libro de redacción de* La Vanguardia. Barcelona. La Vanguardia.

LA VOZ DE GALICIA. (1992) *Manual de estilo de* La Voz de Galicia. Biblioteca gallega DL.

LÁZARO CARRETER, F. (1968) *Diccionario de términos filológicos*. Madrid. Gredos (8.ª ed. 1990).

LINARES, M. (1979) *Estilística. Teoría de la puntuación. Ciencia del estilo lógico*. Madrid. Paraninfo.

LLEDÓ, C. (1992) *El sexisme i l'androcentrisme en la llengua: anàlisi i propostes de canvi*. Barcelona. ICE/UAB.

Llengua i Administració. Barcelona. Direcció General de Política Lingüística/Escola d'Administració Pública de Catalunya.

LUNA, X. (1992) «La puntuació i el seu suport». *Escola Catalana*, 287, febrero, 6-9.

LUSSER RICO, G. (1983) *Writing the Natural Way. Using Right-Brain Techniques to Release Your Expressive Powers*. Los Ángeles. J. P. Tarcher.

MARSÁ, F. (1986) *Diccionario normativo y guía práctica de la lengua española*. Barcelona. Ariel.

MARSHEK, M. (1975) «Transitional Devices for the Writer». En: Harkins y Plung (1982), 107-109.

MARTÍN GAITE, C. (1983) *El cuento de nunca acabar*. Barcelona. Anagrama.

MARTÍN VIVALDI, G. (1982) *Curso de redacción*. Madrid. Paraninfo (19.ª ed.).

MARTÍNEZ ALBERTOS, J. L. (1974) *Redacción periodística. Los estilos y los géneros en la prensa escrita*. Barcelona. ATE.

——. (1992) *Curso general de redacción periodística (edición revisada)*. Madrid. Paraninfo.

MARTÍNEZ DE SOUSA, J. (1987) *Diccionario de ortografía técnica*. Salamanca. Fundación Germán Sánchez Ruipérez.

——. (1992) *Diccionario de tipografía y del libro*. Madrid. Paraninfo (3.ª ed.).

——. (1993) *Diccionario de redacción y estilo*. Madrid. Pirámide.

MENDIETA, S. (1993) *Manual de estilo de* TVE. Barcelona. RTVE Labor.

MESTRES, J. M. (1990) «Els signes de puntuació i altres signes gràfics I i II». *COM*, 21-22, 22-29 y 23-30.

MILLER, G. (1969) *Language and Communication*. Nueva York. McGraw-Hill (5.ª ed. revisada). (Versión castellana de E. Goligorsky y S. Delpy: *Lenguaje y comunicación*. Buenos Aires. Amorrortu. 1974).

MINISTERIO PARA LAS ADMINISTRACIONES PÚBLICAS. (1991) *Manual de estilo del lenguaje administrativo*. Madrid. MAP.

MIRANDA PODADERA, L. (1987) *Ortografía práctica de la lengua española. Método progresivo para escribir correctamente*. Madrid. Hernando (42.ª ed.).

MOLINER, M. (1987) *Diccionario de uso del español*. Madrid. Gredos.

MONTERROSO, A. (1978) *Lo demás es silencio. La vida y obra de Eduardo Torres*. Barcelona. Anagrama (1991).

MORAGAS. (1989) *La jubilación. Un enfoque positivo*. Barcelona. Grijalbo.

MORENO, A. (1991) *La redacción paso a paso. Pensamiento y estilo*. Barcelona. Teide.

MURRAY, D. M. (1987) *Write to Learn*. Nueva York. Holt, Rinehart and Winston.

NOGALES, F. (sin fecha) *Cartas Amorosas*. Madrid. Ed. Ibéricas. «Pequeña Enciclopedia Práctica», 55.

NOVAK, J. D.; GOWIN, D. B. (1984) *Learning How to Learn*. Cambridge UP. (Versión castellana de J. M. Campanario y E. Campanario: *Aprendiendo a aprender*. Barcelona. Martínez Roca. 1988.)

NOVELL, M. (1975) *Viatge per la història de Catalunya*. Barcelona. La Galera.

POMBO, A. (1993) *Aparición del eterno femenino*. Barcelona. Anagrama.

PALMER, R. (1992) «Sidebars that Sell». En: Gordon Wells (1992), 42-45.

REAL ACADEMIA ESPAÑOLA. (1973) *Esbozo de una nueva gramática de la lengua española*. Madrid. Espasa-Calpe (11.ª reimpresión, 1986).

——. (1992) *Diccionario de la lengua española*. Madrid. Espasa-Calpe (21.ª ed.).

253

REINKING, J. A.; HART, A. W. (1988) *Strategies for Successful Writing. A Rhetoric, Reader, and Handbook.* Nueva Jersey. Prentice Hall.

REPILADO, R. (1977) *Dos temas de redacción.* La Habana. Pueblo y Educación.

REUTER. (1992) *Reuters Handbook for Journalists.* Oxford. Rutterworth-Heinemann.

RICHAUDEAU, F. (1978) *L'écriture efficace.* París. RETZ-CEPL. (Versión castellana de Jesús Mendibelzua: *Los secretos de la comunicación eficaz.* Bilbao. Mensajero.)

——. (1987) «Fragments d'un manuel typographique imaginaire». *Communication et langages*/74, 8-23.

——. (1992) *Écrire avec efficacité.* Toulouse. Albin Michel.

—— (ed.). (1984) *Recherches actuelles sur la lisibilité.* París. RETZ.

SEBRANEK, P.; MEYER, V.; KEMPER, D. (ed.). (1989) *Writers Inc. A Guide to Writing, Thining, & Learning.* Burlington. Write Source. Educational Publishing House.

SECO, M. (1986) *Diccionario de dudas y dificultades de la lengua española.* Madrid. Espasa-Calpe (9.ª edición renovada. 7.ª reimpresión, 1993).

«Sentencia 5-7-94 (TS Sala 3.ª).» (1994) En: *Actualidad Jurídica Aranzadi*, 163, 7-8.

SERAFINI, M.ª T. (1985) *Come si fa un tema in classe.* Milán. Bompiani. (Versión castellana de Rosa Premat: *Cómo redactar un tema.* Barcelona. Paidós. 1989.)

SERAFINI, M.ª T. (1992) *Como si scrive.* Milán. Bompiani. (Versión castellana de Francisco Rodríguez de Lecea: *Cómo se escribe.* Barcelona. Paidós. 1994.)

SERRAT, J. M. (1984) «Algo personal». En: *En directo.* Barcelona. Ariola.

Simply Stated. The Newsletter of The Document Design Center. American Institutes for Research.

SOL, R. (1992) *Manual práctico de estilo.* Barcelona. Urano.

STRUNK, W.; WHITE, E. B. (1979) *The Elements of Style.* Nueva York. Macmillan (3.ª ed.).

STUBBS, M. (1976) *Language, Schools and Classrooms*. Londres. Methuen. (Versión castellana de Lucía y Joaquín Vázquez de Castro: *Lenguaje y escuela*. Bogotá. Cincel. 1984.)

TIMBAL-DUCLAUX, L. (1986) *L'écriture créative*. París. Retz. (Versión castellana de M. Asensio Moreno: *Escritura creativa. Técnicas para liberar la inspiración y métodos de redacción*. Madrid. Edaf. 1993.)

——. (1989) *L'expression écrite. Écrire pour communiquer*. París. Éditions ESF.

TORRES, M. (1994) «Angustia». En: *El País*. 16 de marzo.

TURK, C.; KIRKMAN, J. (1982) *Effective Writing. Improving Scientific, Technical and Business Communication*. Londres. E. & F. N. SPON.

UNESCO. (1991) *Recomendaciones para un uso no sexista del lenguaje*. París. Servicio de Lenguas y Documentos (BPS/LD).

UPI BROADCAST SERVICE. (1979) *The UPI Broadcast Stylebook. A Handbook for Writing and Preparing Broadcast News*. Nueva York. United Press.

VALDÉS, J. (1976) *Diálogo de la lengua*. Ed. de José F. Montesinos. Madrid. Espasa-Calpe.

VALLVERDÚ, F. (1987) «Un model de llengua als mitjans de comunicació». En: *Actes de les Segones Jornades d'Estudi de la Llengua Normativa*, 89-138. Barcelona. Publicacions de l'Abadia de Montserrat.

WALES, K. (1989) *A Dictionary of Stylistics*. Londres. Longman.

WHITE, R.; ARNDT, V. (1991) *Process Writing*. Londres. Longman.

WYDICK, R. (1985) *Plain English for Lawyers*. North Carolina. Academic Press.

ZACHARIA. (1987) *Le petit RETZ de l'expression écrite*. París. RETZ.

ZINSSER, W. (1989). *Writing to Learn. How to Write —and Think— Clearly about any Subject at All*. Nueva York. Harper & Row.

——. (1990) *On Writing Well. An Informal Guide to Writing Non-fiction*. Nueva York. Harper Collins (4.ª ed.).

ÍNDICE

COLECCIÓN ARGUMENTOS